《中国西藏》杂志 30 年精选集

人文高地

中国西藏杂志社　编

中国藏学出版社

总序

记录新时代　摹写现代西藏新故事
——写在《中国西藏》创刊30周年之际

今年是新中国成立70周年，也是西藏民主改革60周年。在中国共产党领导下，短短几十年，西藏发生了最广泛最深刻的社会变革，百万农奴翻身解放，成为国家和社会的主人。在中央政府和全国人民的大力支持下，西藏各族人民团结奋斗，把贫穷落后的旧西藏建设成为经济文化繁荣、社会全面进步、生态环境良好、人民生活幸福的新西藏。

在这个历史发展的最好时期，我们也迎来了《中国西藏》杂志创刊30周年。

对外宣传西藏工作，一直是中央关于西藏工作的重要内容之一。《中国西藏》杂志创刊于1989年，当时，境外分裂集团一方面把手伸进西藏，连续在拉萨策动骚乱，另一方面又倚重国际反华势力，制造涉藏谣言，散布“西藏独立”。正是在这种背景下，决定创办一种刊物，作为一种公众传媒，向海内外读者展示一个真实的西藏。

《中国西藏》杂志的历任主编、历辈编辑们没有辜负时代赋予的重任。他们以高度的政治敏锐性和责任感，团结广大藏学工作者，依靠活跃在西藏各条战线的各族各界普通劳动者，以饱满的热情为描绘西藏美好的明天提供了一片园地，为更前沿、更广泛的文化交流提供了一个窗口、展示了一片天地。在每期 3 本精美的刊物中，期期有主题，各文版、各栏目都有侧重，几乎每篇文章都显示出全体编审人员高度负责、精心组织的良苦用心，内容既体现了深层次的探索与思考，又注重展现西藏发展面貌及藏族百姓的多彩生活。

在中华人民共和国成立 70 周年、西藏民主改革 60 周年之际，我们启动编撰“《中国西藏》杂志 30 年精选集”的工作。精选集的编辑出版，既是为了记录西藏经济社会的发展变化，更是为了记录和讲述这片高天厚土上的多彩人生。精选集共 9 册，其中汉文 5 册：《藏地新生活》《人文高地》《史海遗珍》《极地风物》《雪域人生》，藏文 2 册：མཐོ་སྒང་གི་དཔྱིད་དཔལ། （《高原春光》上下）和英文 2 册：*People on the Qinghai-Tibet Plateau*（《青藏高原人物》）和 *Life on the Qinghai-Tibet Plateau*（《青藏高原生活》）。

30 年不长，却有许多的物是人非，也有许多的风景依旧。我们不敢保证已经把所有该萃取的珍珠都已摘取，也不能夸口入选的篇篇都是精品，但我们每一位编者，都是怀着无比的崇敬和虔诚，认真做着编选和校对。在这个过程中，我们更加感念我们的老领导、前辈编辑和记者、热心作者和读者，感恩他们当年的热忱和付出；更感恩于这个伟大的时代，感恩于我们从站起来、富起来，到强起来的伟大祖国！

中国特色社会主义已经进入新时代，信息社会更是进入全媒体时代。2016 年，顺应时代潮流，《中国西藏》杂志与中国西藏网合并，开启用新媒体记录新时代、书写新时代、讴歌新时代，讲述现代西藏新故事的征程。

祝福祖国！祝福西藏！

《中国西藏》杂志 30 年精选集编委会
2019 年 8 月 27 日

目录

附录

老拉萨的风俗画卷
——听藏族老人讲地图里的故事

索穷

我对各种老地图有一种近乎偏执的爱，地图识读成为我的一大爱好。

据藏族著名文史专家甲日巴·洛桑朗杰介绍，西藏人使用地图的历史比较早。当年，甲日巴·洛桑朗杰的父亲是藏军第八“代本”（清代西藏地方政府军职名，相当于团长）主官，他小时候曾跟随父亲去昌都赴任，看到过父亲用一种简易驿站图制定行程。“那还是一种非常象形的简陋地图，拉萨这边画上布达拉宫，那边在方框里画一个圆圈就代表昌都，中间是一条蜿蜒曲折的道路和沿途各个驿站的名字。如果路过的地方是牧区就画一座帐篷，是农区画上一块青稞地，是渡口就画上一艘牛皮舟，下面再写上地名，每天看着地图安排行程。当时，军人和公职人员出差时必须按照驿站的距离走，大概是平均一天走四个小时，必须要给支差的当地人留够当天返回

1860 年的拉萨古城布达拉宫和大昭寺地形图（图登克珠提供）

的时间（当然还包括给坐骑吃草喂水的时间）。否则，按照规定，差巴和驮户承担超出规定距离的劳役是有权提出申诉的，除非特殊情况，一般公职人员不得不有所顾忌。”

我喜欢收藏西藏旧地图。我手中有一张号称“第一幅近现代意义上的拉萨地图”印件，幅长 59cm，宽 51cm，用英文标注，据学者房建昌考证“为印度测量局 1884 年内部印制”。如房所说，此图确有“西方测绘方式”之优点，但就信息量和对拉萨主城区的描述而言，我以为远不及下文将提到的“拉萨古域手绘图”来得详尽、生动、形象和珍奇，就算这种绘制技术早已不是现代地图制作之道，

我也喜欢。

这是 2011 年 11 月号《西藏档案》杂志刊登的一张“拉萨古城手绘图”，虽然西藏历史档案馆专家对此没有给出更多交代，但据熟悉藏文历史档案的甲日巴·洛桑朗杰初步考证，此图应是出自八世达赖喇嘛强白嘉措时期一幅有名的唐卡画。八世达赖喇嘛强白嘉措于 1804 年圆寂，据此估算地图绘制年代应早于印度测量局所作拉萨老城区地图，当然这还得结合原图唐卡做进一步研究。

甲日巴·洛桑朗杰是位治学严谨的学者，对于自己的判断他是这样说的：我对它的断代主要基于几个方面的考量。第一，我在一

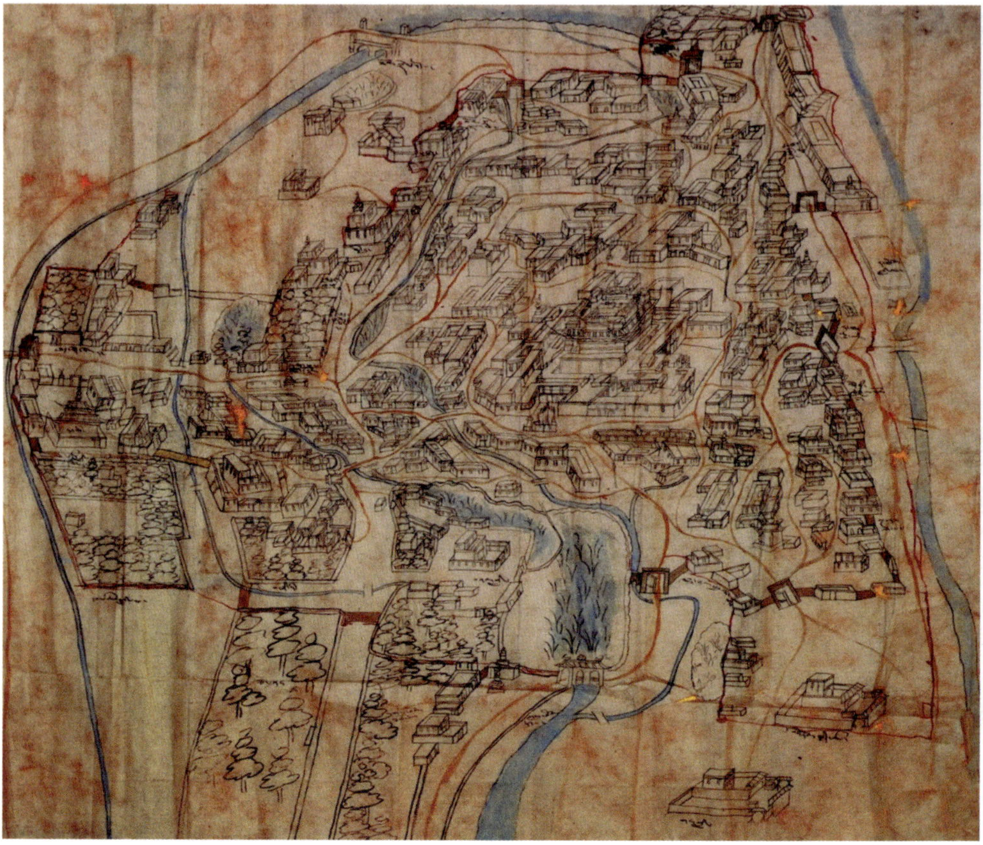

八世达赖喇嘛时期的拉萨老城区地图（索穷提供）

幅八世达赖喇嘛时期绘制的唐卡上看到过跟这一样的地图，可视为同一作品的复制件；第二，在这幅绘制非常详尽的地图上没有标出 1916 年建造的拉萨门孜康（藏医院）建筑，那个位置当时还是一片树林和沼泽，说明绘制地图的年代门孜康还没有建成；第三，辛亥革命期间西藏发生川军哗变，丹杰林寺支持川军对付噶厦，川军撤退后丹杰林寺被毁，这个时间比门孜康建造时间还早，但地图上却清晰出现丹杰林寺完整建筑，说明地图绘制年代远早于辛亥革命；

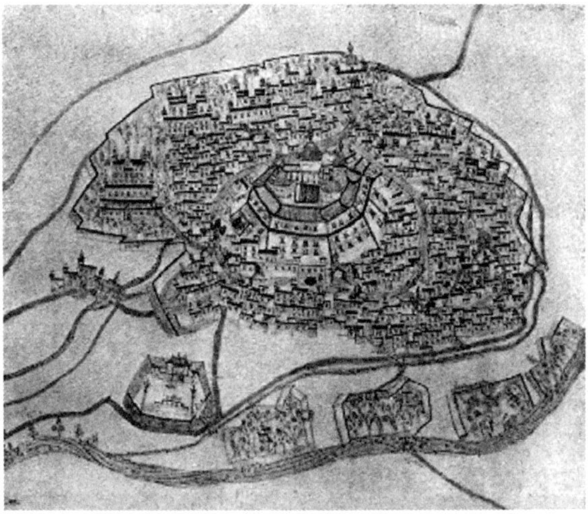

拉萨老城区图，选自（挪）Knud Larsen、Amund Sinding-Larsen 著，李鸽（中文）、木雅·曲吉建才（藏文）译：《拉萨历史城市地图集——传统西藏建筑与城市景观》。（图登克珠提供）

1936 年的拉萨老城八郎学（图登克珠提供）

1936 年的拉萨城全貌（图登克珠提供）

第四，从手法上讲，这是比较典型的藏族传统绘画方式，没有明显外来影响的痕迹，图注也是藏文。综合几个因素，我认为地图是 18 世纪末、八世达赖喇嘛执政时期的经典作品。

仔细研究，这幅手绘地图比例关系得当、立体透视处理准确，几乎是面面俱到、不厌其烦地再现了当时拉萨几乎所有重要建筑的形制、朝向和周遭自然地理环境特征，具有极高的参考价值和研究价值。

在先生家中，我们展开地图一一识读。先生说，看，这是门仲桥。门仲桥是当时的一个地标性建筑，位于拉萨古城东北角，即现市人民医院到八郎学街路口。但下面的流水不是拉萨河的支流，当时，拉萨城东北郊区加荣地方有很多农田，修了一条水渠，很多人到那儿洗衣服、戏水。拉萨周边小水塘、小泉眼特别多，这些水流汇入门仲桥下，汇集沿途脏水、生活用水流到丹杰林寺附近一处叫“丹杰林当惹”的水塘。拉萨城北即扎基林卡、雄卡林卡附近也有一条小河流经小昭寺多桑巴石桥汇入“丹杰林当惹”。现城关区“影剧院”那边也是一片沼泽地。冲赛康附近还有“色穷当惹”（小湿地），城市污水从宇拓桥下流过。这些在地图上均有记载。

洛桑朗杰先生告诉我说，门仲桥名头响，它是出拉萨城东的门户，实际上桥身没有多大，地图上标的是两眼桥孔，我记得是三眼桥孔，这可能是后来维修的结果。每个桥孔可能有两三米长，上面覆盖着长石板，桥头圆形柱子上雕刻着花纹。小的简易桥在地图上有十几处。

他边指点边说，门仲桥西南侧这座孤独的建筑应该是“江冬藏”大院旧址，这是当时拉萨不多的几处接待客旅的车马店。江冬藏，意思是围墙环绕的稀树林。原江冬藏主人次仁多吉告诉我，当时，拉萨有限的几个车马店大多是这种形制，它有利于防盗，因为旧时的毛贼有挖土墙偷盗旅客财物的惯用手法，车马店用大墙围起来比较安全。

地图上城市四方数得着的大门有十多处，据甲日巴·洛桑朗杰介绍，大门中比较大、历史较长的是鲁固大门。值得一提的是，地图上我们在八廓街西北角原驻藏大臣衙门前看到两座带有内地汉族风格的牌楼式金顶大门，显示出拉萨是多种文明、汉藏文化的汇聚之地。这两座大门后来不知何时被拆毁，只是现在的人不知道罢了。

笔者听一些藏族老人说起拉萨曾有不连贯的城墙，这个在地图中部分得到证实，即鲁固坝子到城市东南拉萨河岸一带可明显见到有连贯的深颜色墙体。

洛桑朗杰先生说，八廓北街嘎喜果林塔现嘛呢拉康所在地过去是拉萨市政机构朗孜厦列孔的刑场，有些罪行轻微的犯人在示众挨打后即可先行回家，但一般是慌不择路地进入旁边的寺庙供佛念经以祛除监狱的“晦气”。因此他们中流传着这样一首歌谣：“我的颜面发烫，屁股蛋也发烫；比起屁股蛋来，丢失颜面的痛苦更让我无地自容。”

出嘎喜果林向北的小巷里当时有很多糌粑面零售店，通往冲赛康坝子。说到冲赛康，说到糌粑店，不能不说说吉苏先生的故事，他是 20 世纪三四十年代拉萨城里的落魄贵族。他虽有为官的名分，生活却极其俭朴；他家徒四壁，但却饱读诗书，才华横溢，是一位具有平民性格和叛逆精神的幽默大师。据说他居住的小小居室是按照西藏比丘僧舍的内部规格布置的（西藏过去有一种说法：真正潜心修行的僧人家中往往仅置炉灶和茶壶，主人临终时一蹬腿，把这仅有的家什也踢翻了，寓意“无常”与“寂灭”）。吉苏啦也是这样，

甲日巴·洛桑朗杰先生是西藏著名学者、西藏大学客座教授、拉萨市政协常委（索穷提供）

虽然生活穷困，为了钻研学问而不问俗务，然而这一点都不妨碍他拥有一颗智慧而快乐的心。

最后，洛桑朗杰先生给我讲起地图上出现的一个陌生名词——热觉林卡，意思是牛角林卡。他说，过去拉萨这样的建筑不少，这是因为拉萨市场屠宰户留下的大量牛羊角被穷苦人家拿去用作建房、起墙的材料，有些看菜地、守青稞田的穷人也喜欢用现成的牛羊角覆盖屋顶，在阳光下闪闪发亮，成为一景。先生记得大约是西藏和平解放前后拉萨曾建造过一家胶水厂，人们把这些牛羊角拆下来熬成胶水供应市场，曾经的热角林卡就这样从拉萨地图中销声匿迹了。

原载《中国西藏》2012 年第 4 期

挖虫草的故事

晓鸿

山上的村落

今年还是和往年一样，在挖虫草季节里，四川省阿坝州马尔康县的木尔宗人几乎倾城而出。白天，村子里静悄悄的，难见一两个人影。每年 4 月初，几个村上百名的村民就住进了海拔在 4200 多米的虫草棚子里，每天早出晚归，在荒草丛中，积雪下面寻找寸余长的虫草，到了 6 月初，他们才转移到更远的后山。

这是神英村、木尔多村、

尽管天气很好，但虫草仍不好找。（晓鸿摄）

泽斯波村，以及部分板灯龙和斯米村人的棚子。十余间石砌的棚子散落在长满了橡树的日阿得沟里，仿佛某个吉卜赛人的部落。“棚子部落”里有三、四家小卖部，销售香烟、方便面、泡泡糖、杂糖、沙琪玛、花生糖、奶粉、罐头、豆瓣甚至板鸭。这些东西都是从山下背上来的，价格却和山下一样。听说另外两条沟里还有这样的“棚子部落”，这些“棚子部落”都是在近两年建成的。

刚冒出地面的虫草尖（晓鸿摄）

趴在地上仔细寻找虫草（晓鸿摄）

离天黑还有一段时间，40 多岁的旦真到旁边整修新棚子。一家 4 口人加上五六个亲戚，小小的棚子已容不下那么多的人了，旦真便在旧棚子的旁边新修了一间。门框和窗框都是从山下用牛驮上来的，所以尺寸比山下的小一半。

新修的棚子和旧棚子一样，一面靠着山坡，另三面是一人多高的由石头砌成的石墙。现在工程已近尾声。“要是老挑在就好了。”旦真说，“我俩联手要不到两天就可以修完”。因为怕耽误了挖虫草的时间，旦真只得利用雨天来修棚子。他的侄儿做完作业，也过来帮姑父捡小石块。三面的石墙砌完后，旦真准备铺屋顶。山上的泥土里沙子多，黏性不强，必须在泥土层的下面铺上一张大大的塑料布，这样才可以防止雨水渗进屋子里。但让旦真意料不到的是，今年一条通往腾古村的机耕道蜿蜒盘旋到了离棚子不到 500 米的地方，人们可以骑着摩托自由地上山下山，没多少人住棚子了。

只要有一个人找到虫草，其他人都会跑去看热闹。（晓鸿摄）

在陡峭的山坡上吃午餐（晓鸿摄）

因为一场突如其来的大雨，挖虫草的人们不得不迅速从山上往下撤，不到 5 点钟，所有的人都回到了棚子里。最初的雨点变成了豌豆大的雪粒，一个小时后，漫山遍野便白茫茫一片了。

雪停了，太阳照亮了对面的群山。几年前，这里只有一座棚子，是一家牧民冬牧时的临时住房，后来随着虫草价格的不断攀升，山上的棚子日渐增多，曾经的毛毛小路也被人们踩成了大路，现在这里已经变成了一座小小的村落。

尽管已是 4 月下旬，但气温很快就降到了零度以下，只要在外面站上十来分钟，就感到阵阵寒气让人忍不住地打战。

旦真的妻子麦朵措的表妹也来帮着做晚饭，她和其他女孩一样，平时在外面打工，虫草季节时便辞掉工作回到家里挖虫草。尽管挖到的虫草不多，也很辛苦，但收入比打工多一两倍。

夜幕降下来，棚子里点起了蜡烛。人影在四周的墙上不停地摇晃。我们在烛光里吃饭、喝酒、聊天。10 点 15 分，我们打开被盖卷准备睡觉，麦朵措出去收拾第二天的柴火，进来时说其他棚子里的人都睡了，今晚我们是睡得最晚的一家。在这里，九十点钟就感觉已是深夜了，而在城市里，夜生活才刚刚开始。

虫草之魅

挖虫草是一件非常辛苦的劳作，把虫草从土里挖出来并不困难，但要找到它们犹如大海捞针。

虫草是一种菌虫结合体，它包括蝠蛾昆虫的虫体（冬虫夏草菌的寄主）和冬虫夏草菌的子座。生活在土壤里的蝠蛾幼虫，一般在夏季和秋季感染上冬虫夏草菌，到了冬季形成僵虫，第二年春夏时分，冬虫夏草菌开始生长，子座从虫体头部伸出地面，这就是所谓的“夏草”。

“夏草”刚出土时，只有一两厘米高，色呈棕褐色，人们要做的就是把这些不起眼的、状如枯草的东西从草丛里找出来。在挖虫草时，很多人或蹲或侧卧在近 60° 的山坡上，脸贴着地面，一点一点地挪动着身子找虫草。饿了，就着山风吃一两口硬邦邦的烧馍；渴了，喝几口冰冷刺骨的茶水；累了，斜靠在草地上打几秒钟的盹，一天下来，便会两眼干涩，头昏脑涨，大腿、膝盖和臀部火辣辣地疼。如此艰辛的劳作，即便有的人已十多天没有挖到虫草，但第二天仍然会一如既往地出现在虫草山上。

虫草是青藏高原特有的物种，但在宽广的高原上，并不是所有的地方都有虫草，也并不是有虫草的地方虫草都一样大小。就像和木尔宗仅一山之隔的另一面山坡上，所产的虫草就比木尔宗的小；而在木尔宗产虫草的小小区域内，也只有在海拔 4300 米以上才有虫草，而且大小都有变化。这到底是什么原因？是不是与地形、气候、植被和土壤有关？它到底受制于哪些因素？至今还是个谜。

多年积累的经验，让旦真知道该往哪走。“这是我以前的自留地。”他指着刺柏后面的一块草坪说，“每年我都可以在自留地里挖到几十根虫草，有一次我不小心把自留地告诉给了其他人，结果现在在我的自留地里一根也挖不到了。”

像旦真这样的“老药夫子”都有自己的“自留地”。上山后，他们都会尽可能地避开其他人到“自留地”里挖“私房草”。一般的“药夫子”则遵循着一条最简单的道理：今年挖到虫草的地方，明年还可以挖到。另外在不同地方的虫草该什么季节挖也很讲究。木尔宗前山草一般在 6 月前，6 月后就得带上帐篷转移到后山了。前山草叫头草，价格最高；后山草叫化苗草，价格几乎比头草便宜一半。

价高人多草少

早晨 7 点过，外面就响起了从山下上来的人经过棚子的脚步声，8 点钟不到，麦朵措的嫂子也到了棚子里。她每天傍晚回家给孩子喂奶，第二天 6 点多钟起床上山。需要步行两个多小时才能到达棚子，然后在棚子里凑合着吃点东西就开始上山挖虫草。像她这样每天必须回家的人约占三分之一多一点。照顾老人、做家务是他们必

归家，远处的棚子可以在夜晚给人们提供温暖的四壁。（晓鸿摄）

须回家的主要原因。他们每天在海拔 2600 米到 4500 米之间上下奔忙，是所有挖虫草的人中最辛苦的一群。

吃完早饭，我们走出棚子。外面像刚揭开的锅，山上到处都是蓬勃升腾的雾气，雾气中人影婆娑，仔细一看，都是围巾蒙面，厚衣裹身。

挖虫草的人从一个点出发，向三四个方向散去。我跟着东北方的那群人上山，他们要上的那座山叫特儿溪。麦朵措对我说："我们还要向上爬一百多米，翻过山梁到山坡的另一面去，也许那里的雪化完了，虫草好找一点。"

"最多的一天可以挖多少根？"我问她。

"十一二根。"

"其他的呢？"

"两三根，三四根。"

"推光头（没有挖到虫草的人）的有多少？"

她想了想说，"有时候多有时候少，说不清楚。"

雪地上有许多条不易看清的小路，横卧在极陡的山坡上，沿着这些小路就可以到达特儿溪山的南坡，和稍远的玛日阿棚子。

不出所料，特儿溪山南坡的积雪已融化了一大半。人们纷纷俯下身子寻找虫草。10 分钟过去了，丝毫不见虫草的踪影。半个小时过去了，人群中一片平静，仍然没有人找到虫草。

天气忽阴忽晴，风忽刮忽停，一个小时后，我感到身上越来越冷，双手也冻得僵硬。

大约一个半小时后，有几个人朝一个方向围过去。"一定是找到虫草了。"我想。果然，一位穿灰色大衣的妇女找到了今天的第一根虫草。

“虫草越来越少了。”旦真说，“以前我每天最少也要挖十多根，现在超不过5根，而且还挂了3天的空挡。”山上的人把整天都没有挖到一根虫草称作挂空挡。“现在是价高人多草少。”他说。据旦真回忆，大概10年前，他的一位亲戚一天挖了800多根虫草。

“没有了虫草怎么办？”我问他。

他摇摇头说：“不晓得哦，贝母、羌活、大黄、木香这些药材又不多，真正没有虫草了，也许又只有到外地去给人砌石墙挣钱了。”

天黑前开始做晚饭（晓鸿摄）

旦真在山下经营着一家小卖部，每年虫草季节，全家人就把东西背到山上，一边挖虫草，一边卖东西。这是一道双保险。像旦真这样在山上一边挖虫草一边开小卖部的还有两三家。

找到一根，这是临近中午才开的张。（晓鸿摄）

木尔宗是四川省阿坝州马尔康县的一个行政乡，5个村1000多人，地处高半山。在虫草成为该乡主要经济来源之前，木尔宗人就靠挖羌活、木香等药材或外出砌石墙来维持家里的生活。虫草价格上涨后，木尔宗人的收入也成倍增长，家家户户都买了小四轮拖拉机。也许上天对穷了大半辈子的木尔宗人宠爱

顶着刺骨的寒风和雪花找寻细小的虫草（晓鸿摄）

有加，长在木尔宗山上的虫草块头特别大，刁草（精选虫草）2000根左右就有1公斤，统草（普通混合虫草）2600—2800根就有1公斤，而且价格昂贵，刁草市场价1市斤约5万—6万元，几乎与黄金差不多。

但是现在，木尔宗人不得不面对这样一个现实：虫草一年比一年少了。

虫草，亟待保护的特有物种

木尔宗只是阿坝州乃至中国整个虫草产区的一个缩影。越来越高的价格和越来越难找的虫草让虫草产区陷入了恶性循环，保护资源和发家致富使村民和当地政府面临着左右为难的尴尬和矛盾。

全世界只有青藏高原才能够孕育虫草这样的名贵药材。冬虫夏草菌不仅对生存环境有相当苛刻的要求，而且还要有适合的寄主为它提供充足的养分。据有关资料介绍，寄主以高山植物的地下根和茎为食，能在冻土中生活，具有惊人的耐寒性。尽管如此，在漫长的3—5年的生活周期中，生态环境的人为改变，或其他病虫害的侵袭都会影响到寄主的数量，从而影响到虫草的产量。

让人们停止对虫草的采挖是不可能的，解决的办法也许可以采取一些必要的限制手段，比如将5月底后定为虫草的禁挖期，因为那时候的虫草都是“化苗草”，虫体大部分已空，但虫草菌完全成熟。采挖价格低、药效不高的虫草，势必会影响冬虫夏草菌的繁殖，导致虫草数量日趋稀少。

相关知识：

虫草，也称冬虫夏草，是虫和草结合在一起长的一种奇特的东

西。虫是虫草蝙蝠蛾的幼虫，草是一种虫草真菌。夏季，虫子将卵产在草叶上，随叶片落到地面。经过一个月左右孵化变成幼虫后，钻入潮湿松软的土层。幼虫受到孢子侵袭后钻向地面浅层，孢子在幼虫体内生长。经过一个冬天，到第二年春天来临，菌丝开始生长，到夏天时长出地面，长成一根小草，幼虫的躯壳与小草共同组成一根完整的“冬虫夏草”。

冬虫夏草均为野生，生长在海拔3000—5000米雪线附近的草坡上。每年4月中下旬，当冰山上的冬雪开始融化，虫草蝙蝠蛾的幼虫破土而出，在山上的腐殖质中爬行，待头向上爬至虫体直立时，寄生在虫头顶的菌孢开始生长，菌孢把虫体作为养料，生长迅速，虫体一般为4—5厘米，菌孢一天之内即可长至虫体的长度，这时的虫草称为“头草”，质量最好；第二天菌孢长至虫体的两倍左右，称为“二草”，质量次之；三天以上的菌孢疯长，采之无用。主产地为西藏、四川、青海、甘肃、云南。

原载《中国西藏》2010年第4期

60年前的一座乡村私塾

索穷

私塾教育和寺院教育一样，在20世纪60年代以前，是西藏的重要教育形式之一，不管是家庭里的塾馆，所谓的“团学”，还是一对一的师承教育……都曾对西藏文化的进步和发展起到过积极作用。

在最近几年的工作中，我有幸结识了西藏妇联退休职员霍康·强巴旦达，他是西藏上层爱国人士、已故著名学者霍康·索朗边巴的儿子。

尽人皆知，霍康家族素有尊重知识、尊重人才的传统。20世纪30—50年代，在西藏考察、学习、研究的国内外各民族的文化人士，许多都受到过该家族的慷慨帮助。这与该家族历来重视文化教育是分不开的。就父子两代人所受的教育经历，霍康·强巴旦达回忆说，他父亲小时候在达布林私塾上学，跟更敦群培、格西曲扎交往密切，研习多年。

而强巴旦达自己是1951—1952年在敏久林私塾上学，1952年

一所私塾的露天考试，有在纸上书写的高年级学生，也有在“降薪”（写字板）上写字的低年级学生。（索穷提供）

转到色新小学，1959 年进入拉萨中学读书，1963—1965 年在中央民族学院深造，在校园里度过了 15 年的时光，打下比较扎实的文化基础。从中央民院毕业后，在藏东八宿、贡觉和拉萨等地长期从事汉藏语言翻译工作，直至 1997 年退休。退休后，仍不遗余力地进行藏族文化保护和抢救工作。

当得知我在撰写有关西藏私塾的文章时，先生语重心长地说，你长期在拉萨采访，接触面有限，虽然了解拉萨的事情，但对当年西藏农村的私塾不一定熟悉，我的家乡墨竹工卡甲玛赤康地方过去有一所私塾，塾师帕珠老人还健在。老人已经 70 多岁了，身体不是很好，如果想采访，我可以帮助联系。

就这样，在他的安排下，2007 年 2 月 26 日（藏历铁猪新年初八），我们乘坐先生个人掏钱租来的小型中巴，前往距拉萨 60 多公里的甲玛乡赤康村拜访帕珠老人。

乡村塾馆赤康拉扎

墨竹工卡的甲玛，人杰地灵、文化荟萃、风景优美，是历史上西藏地方“十三万户”之一——甲玛万户的所在地，很远就可以看到村中央一座 10 米高的大白塔傲然矗立。

到了赤康村，我们在强巴敏久林寺的厨房里稍事休息。之后，强旦先生便带我到村东头的一间农宅，见到了帕珠老人。老人的形象和我想象中的几乎一样，今年已经 75 岁了，身材高瘦、鹤发童颜，慈祥的脸上带着纯真的笑容，一看就是个朴实、善良的农民。

我们互致新年的问候，给老人献上一条洁白的哈达，祝福老人健康长寿，话题便很快转入正事。得知私塾的名字叫“赤康拉扎”，老人首先带我们到学校的遗址看了看。该遗址位于村中央噶当大白

甲玛村中央的噶当派宝塔（索穷摄）

甲玛村里的寺庙（索穷摄）

塔以西约 100 米的废墟上，一片巨大的残垣断壁透露出此地昔日的荣耀。事后，老人回忆学校建成到 1959 年经历了 25 年的时光（这样说来学校应该是 1934 年左右成立的，这一点也得到强巴旦达先生的认可），据说这里以前是赤康庄园的主楼，在其建筑的三层上有个叫“拉扎康”（藏语意为“教室”）的长廊，有八九个柱子的面积，这就是赤康拉扎固定的教学场所。

帕珠老人说，我是本地土生土长的农民，我的父亲是赤康庄园的房产管理员，人们叫他“康聂啦”，我是 13 岁左右，记得是“估额”（指庄园主霍康·索朗边巴）带着仆从去昌都那年上学的。对学校以前的历史我不是很了解，只知道有个叫古容聂巴丹增的，是赤康拉扎最早的学生之一，听说那时候学生不是很多，学校规模也没有后来大。我上学的时候，我们的私塾老师叫果陪恰佐益西次仁，是个拉萨人，入赘赤康果陪家做了上门女婿，后来当上庄园管家（恰佐），一边在庄园楼里办公，一边就给私塾当老师。

霍康・强巴旦达先生（索穷摄）

帕珠说，记得在20世纪40年代，我们的学生人数增至13人，上课的情形一般是早晨一起床全体学员集中在“拉扎康”（教室）集体念诵《文殊智经》、“阿热巴杂”，念完经安排学生打扫教室、熏香、供圣水，然后放回家吃早饭，吃完早饭再回私塾继续上课。教学内容主要是藏文读写和背诵乘法口诀。藏文教学由易到难、由浅到深，循序渐进地安排。上课的时间几乎取决于学生个人的勤奋和进取，老师只给一个定量，比如规定一天要写够20行字，由塾师负责验收。写得又快又好的学生就可以提前休息，写得慢的就会耗费很多时间，甚至因此而挨打、受罚。

其语文方面的主课——书法基础首先在木板（降薪）上练，等在降薪上写熟了，再搬到纸上书写，这和城镇里的私塾没有多大区别。只是文具比较紧缺，帕珠老人记得书写所用的藏纸是庄园发放的，笔和墨水要自己想办法解决。当时，墨竹工卡德中寺的尼姑们夏天喜欢走村串乡做点儿小买卖，她们把当地牧女护肤用的一种紫色汁液“求库穆孜”装在羊皮肚袋里带到赤康等地出售给学童作墨水的替代品。

可能是为了鼓励学生学习、尽量减轻家庭负担，庄园主每天早晨给每位学员备一小壶热茶，有时候还给“土吧”喝。学生日常的开销，差巴和大户人家一般自己出，有三个贫寒人家的子女（一个叫罗桑，一个叫阿旺桑珠，一个叫安达），他们的糌粑和茶水就由庄园免费提供。

为什么在甲玛赤康地区过去会出现这么一所学校？帕珠老人认为，这可能是赤康主人（主要是霍康·索朗边巴）考虑到庄园经常要派人到拉萨、墨竹工卡等地支差、办事、传送信件，没有一批干练精明的办事人员是很困难的（强巴旦达插话说：视对文化知识重视程度的不同，当时有个别贵族在家中办有塾馆，霍康家算是一例，我知道崔科家办过塾馆，据说崔科本人有时候亲自教家奴识字）。此外，庄园属下的谿卡、牧场也需要一批断文识数的根布、佐扎等庄头、牧户从事日常生产经营的组织管理工作，因此，从培养乡土人才的目的考虑，办这么一所学校也是很明智的。“在 1950 年左右，（霍康）先生亲自安排我担任赤康拉扎的老师，特别强调要严肃校纪，严把质量。为鼓励我好好工作，决定给我每月一‘博’（藏式计量单位）青稞的报酬，由庄园定期拨付。在我执教赤康拉扎的 10 年中培养了 30 名学员，学生有男有女，女生中我记得有果陪家的女儿，囊培家的女儿，才康家的女儿，还有一个叫仓卓噶的，现在住在拉萨。据我所知，当时好像墨竹工卡宗府有个小塾馆，听说只有两三名学生，在塔巴拉章有一家私塾，也不大。在整个墨竹工卡地区我们的私塾算是大的。家长送小孩入学的目的，有的是为培养基本的读写能力，希望日后在社会有立足之地；有的是为了把小孩送入寺院（因为有文化基础的青年入寺，寺院方面一般都比较欢迎，而且个人的上升空间也相对比较大）；而有的就在家中放牧务农，还有的在民主改革后成了教师、医生。还有的像安达、洛桑次仁，参加工作，当上汽车司机，都有不错的出路。现在回想起来，当时的私塾虽然不可能对学生进行多么高深的教育，但是藏文和算术的基础打得比较扎实，这也正是私塾教育的主要特点。”

帕珠老人说：“我个人是赤康拉扎的学生，后来当了老师，基本上算是过了识字关。因此，在民主改革中，我作为‘依扎’（指有文化的人）受到重用，配合政府部门做了很多工作（他掰着手指头算）。那时候，我是土地计量员；在生产队时期，我主持了农牧区会计培训班，还给县里的乡村投递员训练班教授文化课；1959 年的时候，我们村的标语口号都是干部们安排我来写的；在甲玛沟上部牧区进行民主改革时，借调我到牧区进行牲畜登记、分配等工作。当时，基层的很多互助组组长是旧社会没有机会接受教育的翻身农奴，我去帮助他们工作，自己心里乐意，他们也很欢迎。”

西藏民主改革后，在甲玛弄大地方成立弄大委员会，建立弄大新式小学。他们缺乏教师，帕珠被找去做了民办小学的老师。

帕珠老人从 1961 年起，又操起老本行，在新学校里当了 40 年民办教师，2003 年才退休，每月享受着退休金。对这一切，老人都觉得非常满足和高兴。

采访结束时，我请求老人在我的笔记本上写几个字，老人爽快地答应了，写下这样一行字：生为人身，一旦自己有文化，就要把它用于报效国家，服务大众。他的书法非常漂亮，他写的话更在理。我想，这可能也是老人一辈子的真实写照。这里的人们不会忘记他对乡村教育事业的伟大奉献。

一张 1932 年的私塾试卷

这张 1932 年的私塾试卷也是霍康家传下来的，是我们了解当时西藏私塾状况的第一手材料，因而显得特别珍贵。霍康·索朗边巴（1918—1994），9 岁上达布林私塾读书，1936 年拜格西曲吉扎巴为师学习藏文文法。

1932 年，霍康·索朗边巴年已 14 岁，这是他在达布林私塾读书的第五个年头，按照旧西藏私塾的一般规矩，已经临近学业末期，这是他当年的一份考试试卷。

这张土灰色的藏纸试卷长 59cm、宽 50cm，被均匀折为 9 个横格，叠成条状。在其折叠后的试卷封皮上横书草体藏文一行，内容

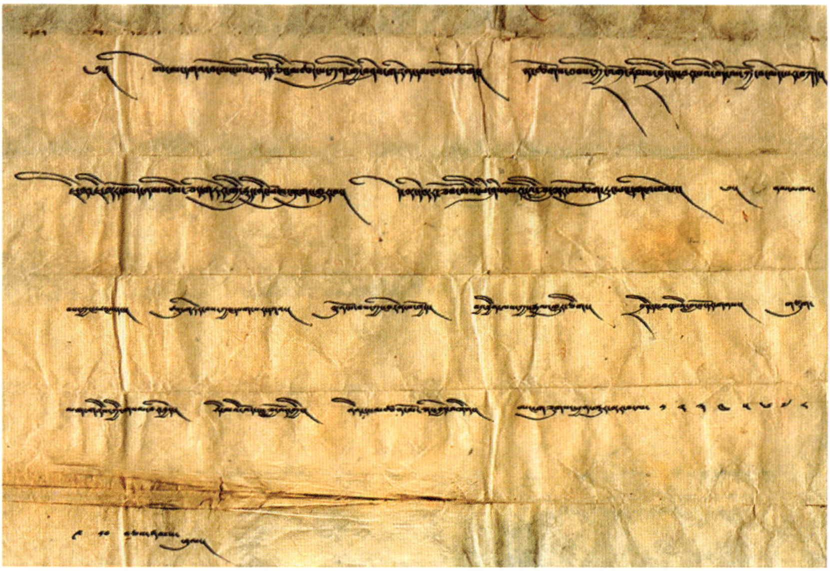

一张 1932 年的私塾试卷（索穷提供）

为“水猴年七月十四吉日，鄙人——学童边巴将此考试成果敬呈先生过目”。

展开卷面，我们看到，在叠为 9 条的横格中，考试内容写在中间 5 个格子里，前两格写的行楷字，后两格写的小行楷，字体娟秀、硬朗。第五格内写的是 1—10 的西藏数码。上下各空出两行作老师判改之用。其藏文部分的内容主要是赞颂老师的美德和功绩，而最后一节似乎只是数字试题的“引题”。

藏文部分又分成两方面的内容，第一、二节是给老师的颂词：

> 啊，受人尊敬与爱戴的导师，
> （是您）设法使众生轮回得到解脱；
> 福禄无穷犹如不竭之宝藏，

（您的）智慧像上弦月亮增益。
您的胸怀比天空更广，
比那大海还要深；
比险峻的山岭更巍峨，
比那大梵天神更殊胜。

而第三部分好像只是后面内容的“引子”，写的是——

世间及出世间的一切取舍，
皆由两种学识指明（这里似乎是指藏文和算术）；
日月之光将昼夜分开，
请您用日月之光将（我的）数目字体明鉴。

其后是1—10的西藏数码。

大体而言，整个卷面书写大方、整洁，无可挑剔，反映出私塾尊师敬长的传统伦理。特别是一个14岁的儿童能写出这样的藏文书法实属不易。

但是，我们在卷面上也发现了多处语法拼写方面的错误，更奇怪的是卷面上老师并没有将其改判过来（而且还给了高分，见试卷正面上方的红笔“8”字），这也许说明了一些问题，譬如，当时的私塾对书法的重视高于一切，而较少顾及其他方面；再譬如，从这点也能反映出当时的教学质量和教师的水平尚有待提高；等等。而且，从试题内容看，多为赞扬老师的浮夸颂词，教学内容显得过于单调、窄小。

总而言之，从这份小小的私塾试卷，专家学者也许会看出更多的东西，且披载于后，供后人继续研究。

在拉萨，我还看到一张 1930 年的私塾合影。

从霍康家族收藏的这张照片中我们发现很多有趣的现象。

这是拉萨达布林私塾的师生合影，摄于 1930 年。画面中间的高个子年轻人叫伍坚，他是达布林私塾的“根达”（相当于助理教师），来自贵族詹东家，在达布林私塾完成学业并升为根达，他长大后，做了老师家的上门女婿，私塾就交由他来管理，他是 60 年前拉萨最有名的教师之一。

照片的主人霍康·索朗边巴坐在画面前排左二的位置，时年 12 岁。坐在他右边的是擦绒少爷（名字不详）。知情人士认出站在擦绒少爷背后一身尼姑装扮的年长妇女为擦绒少爷的家佣，霍康少爷家的佣人多顿则立于伍坚老师背后左侧，这是一位身材壮实的年轻人。居于尼姑与多顿之间的两个少年应该也是贵族少爷的用人（从有关传说中我们了解到，贵族家庭为何派青壮年作学童的陪护，一是为了保护小主人免遭别人的欺辱并提供生活服务，二来是为防止“朵夺”等不良僧人诱拐儿童）。而且这些用人有时候还担任着类似“督学”这样的角色。一个上过私塾的老人回忆说：“他们命令我们反复背诵《皈依发心》《七支》《曼荼罗》《迎神伺浴》以至常用法行等经文并练习书法。做功课时，因为他们黑着一副脸，并且管理有方，功课不得不做。正如差民无差，得交赋税一样。但是可以利用空余时间，想做什么就做什么。他们也只略微责备。正像主仆有别，不敢责打。”

照片上的霍康色少爷、擦绒少爷等人生下来就是色朗巴（大贵族子弟的衔位，仅次于四品官的官衔），从他们面前藏式茶几上摆设的高足茶杯等看去，显然他们享受着与一般学童不同的待遇（由此可见，在日常礼节等细微方面，私塾学校未能免俗，也是个等级分

1990年的私塾合影，前排左二为霍康·索朗边巴。（索穷提供）

明的“小社会”）。

画面中的三位贵族少爷被安排在左侧，老师坐在中间，用人站在后面，其右侧则是四名女童和（最边上）一名显然是“侍读”角色的贫寒人家子弟（也有人认为应该是用人家的孩子），不但从着装，而且从眼神和表情中也可以看出他们之间悬殊的身份关系。有人说，在当时的私塾，侍读和用人是既容易混淆又有所不同的角色，年龄较大的用人很少作侍读，作侍读的小孩又是经常以用人的身份出现，有些用人甚至在主子允许的情况下，自己服侍少爷、小姐。安排子女陪小主人读书、念经……对穷苦人家来说，这种就学方式在当时的情形下应该说是一种聪明而无奈的选择，舍此，没有第二条方便之路。

原载《中国西藏》2007年第4期

雪域藏刀

岗钦

藏民族在漫长的历史长河中，创造了灿烂的文明，在生活的方方面面，都折射出了独特的光芒。在人类共有、最为熟知的刀具上，同样展示出别具一格的风采。藏族的金属冶炼技术在远古时期，已达到相当的高度，同时，也产生了精良的刀具。随着时代的进步，藏刀的分类也日渐细化，不同的地理气候和物产，以及人们的审美取向，决定了刀的形制、用料和装饰风格各不相同。但总体上来说，藏刀更接近刀的本质特性，轻灵、花哨在藏刀体系中很难寻觅，相反，古朴、凝重、厚实是藏刀的特点。

西藏的刀就风格而言，大致可分为四个板块：前后藏地区、贡布地区、安多地区和康区。人们常说的拉孜和南木林藏刀是前后藏地区藏刀的代表。拉孜和南木林都地处西藏日喀则境内的西南部、雅鲁藏布江上游，高海拔、多矿藏，这里的匠人打制的藏刀注重刀刃的钢火，讲究刀的实用性，从鞘到柄几乎全部使用金属，以银和

各种镶着宝石的高级藏刀（才吉摄）

安多藏刀（才吉摄）

铁居多。经过千百年的实践和经验积累，在刀的打制程序上，形成了一整套独特的定式，如在淬火时，利用西藏特有的酥油、羚羊血和藏青果等，经反复锻打而成。因而，西藏拉孜和南木林藏刀在全藏有“锋利”的美名。刀的鞘、把一般不镶珠宝，要么是铁，要么是银，有的也会在上面镂刻一些吉祥图案。地处藏东的林芝地区（现为林芝市）一带，也叫贡布地区，居住着藏族、门巴族和珞巴族，这里山高林密，野兽出没其间，靠山吃山，人们伐薪狩猎是家常便饭。所以人们使用的刀具以宽、长为多。刀鞘多为木质，外面用兽皮包裹，一般是用野兽腿骨上的皮，有些还带有爪子。外在装饰主要是附在兽皮上的毛色和趾爪。其用途除了捕猎格斗，更是人们在密林中披荆斩棘的利器。安多地区主要以放牧为主，牧民的刀主要

后藏的箍铜腰刀
（金志国提供）

藏北的短刀
（金志国提供）

康区的僧帽刀
（金志国提供）

用于宰杀和吃肉，有严格的男用女用之分，男式刀长度在一尺以上，女式刀在一拃左右，刀鞘的底部和刀柄的末端上翘，呈船形。安多人喜欢珠宝，头饰、胸饰、腰饰无不光彩耀人，这些饰物同样被用在刀上，刀鞘和刀把错金错银，镶嵌着珊瑚和绿松石，像精美的艺术品。康区人性格粗犷豪放，刀对于他们来说，主要是战斗的武器，他们爱刀胜过爱牛羊，一把好刀就是一笔财富，其形象也会因之而高大起来。正因为如此，他们不仅对刀本身有较高的要求，对其作为衬托武士气概的刀的外在形制也有特殊的喜好。刀鞘材料一般为黄、白铜或纯银，镶珠嵌宝，正面雕龙画凤，背面线刻卷草，佩在身上，起到了美观和威慑的双重作用。

藏刀在藏族人的日常生活中至今仍在发挥着不可替代的作用，它的实用性和独特的装饰效果，受到越来越多人们的喜爱，来藏旅游者都要购置一两把作为赠送亲朋的礼物或自己把玩，受市场需求的驱使，藏刀作坊如雨后春笋般冒了出来，这些新做的藏刀，除了在刀鞘的镂刻上继承了一些传统工艺外，其他方面和过去做的老藏刀已不可同日而语。正因为这样，真正的藏刀爱好者才要千方百计去寻找“老刀”。现在市场上，一把没有装饰物的一尺左右的老刀，只要品相完整，要价一般在600—1000元，如果雕刻精美，又有老的装饰物，要价起码在数千元。即便这样，真正的老刀仍然难以寻觅。

作为一名藏刀爱好者，本人收藏藏刀已有20多年，搜集藏刀的过程，实际上也是一个深入了解藏族文化的过程，因为这种爱好，听说哪有好刀，便不辞辛苦跑去看，看上的，便千方百计要买下来。

20世纪80年代中期，八廓街还是一种原始风貌，今天的冲赛康市场所在地，那时还没有修建楼房，是一片空地，地面全是泥地。每到星期天，是市场最热闹的时候。那些卖旧货的摊贩们在自己的那块地盘洒上水，略干后，铺上毡毯，在上面将古旧物品一一摆上，任人选购。虽说已改革开放好几年了，但西藏一方面本身开放力度不大。另一方面世人对西藏还所知甚少，旅游者寥寥，所以，完全便宜了在拉萨城里工作的藏文化爱好者，一方面东西便宜，更重要的是没有假货。拉萨人少，业余生活也比较单调，大家的兴趣都往收藏上凑，一时间冒出了一堆西藏艺术或文物专家，谈论收藏、展

各种形制的孜龙刀（旺堆提供）

敲铜男女佩刀（金志国摄）

示藏品，成了大家业余活动最重要的内容。谁买到一件好东西马上就传得沸沸扬扬，刺激得大家都往地摊上跑，星期天在旧货市场碰见的尽是熟人的面孔。

记得有一年冬天的上午，我和几位同事到八廓街调查一件文物流失的事情，经过旧货市场，那天不是星期天，而且还是上午，市场上也没几个摊位，匆匆而过的时候，我的眼睛不由一亮，在一个地摊上，我发现了一把长约一米、宽六七厘米的藏刀，我不由停下了脚步。摊主的目光先是迎着我，后又随着我移到了刀上。我还没说话，他先滔滔不绝地开始赞美。这把刀的确值得赞美，刀鞘通体用鲨鱼皮包裹，显然是非常老了，因为如果年代不久远的话，鲨鱼皮基本上还是呈其本色——灰白色，而包裹这把刀鞘的鲨鱼皮已完全发黑了。整个刀鞘均衡地用三个铁卡子箍住，刀柄铁质，用细细的黄铜丝缠绕，刀柄的顶端，是一个铁铸的非常抽象的骷髅造型。更令人惊异的是刀身，不仅寒光闪闪，而且是双刃，这在藏刀中十分罕见，与其说它是一把藏刀，不如说它是一把藏式剑更准确一些。提在手上，沉甸甸的，双刃十分锋利，仿佛是在无声地告诉人们它所经历的腥风血雨。接下来自然是讨价还价，摊主开口要300元，这在当时是一笔不小的数目，我自然要还价，我的理由有两条：第一，这把刀刀鞘的末端鲨鱼皮有一块核桃大的破损，影响了它的美观；第二，现在这种刀没有什么实用价值，虽然锋利，又用不着拿它上战场。摊主认为我说的有道理，最后我们以200元成交。可是就在交钱的时候，我才发现我身上总共只有几十元钱，公务在身，我不可能回去取钱，但我肯定不甘心让这把刀落入别人手里。我先把手头上所有的钱给他，作为定金，告诉他我一会让人来取刀时把钱补给他。然后我找了个电话打给家人，告诉什么地方什么位置一把什么样的刀，交多少钱把刀拿回去。这把刀是收藏的藏刀中我比较喜欢的一把，它的古朴和透出的威严使我爱不释手。

现在，我已搜集了大小长短不一的各式各样老藏刀100多把，一有闲暇，逐个把玩，细细琢磨，更能领略藏文化之博大深邃。

原载《中国西藏》2004年第3期

孜珠寺
——雪域山巅的雍仲苯教

陈丹

初上孜珠寺

十年前，我第一次从朋友口中获知有关“苯教”的讯息，在他道听途说地将其作为一种原始宗教向我绘声绘色地描述后，对于这个别称“黑教”的西藏古老宗教，我内心充满了无限的恐惧。

心里不断地虔诚祈祷：要是有一天去西藏，千万不要让我遇到苯教！

十年后，我却要克服各种困难，冒着迷路、泥石流和塌方的危险，不屈不挠地多次前往苯教在藏东地区的主寺——昌都地区丁青县、海拔 4800 米山巅的寺庙——孜珠寺！

心里不断地虔诚祈祷：路上吃再多的苦也不怕，无论如何请让我登上孜珠山！

主殿（陈丹摄）

苯教，这个历经几千年的古老本土宗教，渐渐被隐没在藏传佛教的浩大疆域里，佛教传入藏地以前那悠远的历史文化，正在人们的记忆中越来越模糊。

苯教是藏区最原发、最古老的本土宗教，在整个象雄时期以及吐蕃初期，苯教是藏区唯我独尊的正统宗教、治国之教，对早期藏族社会的文明进步起到了巨大的推动作用。而且，在佛教传入西藏的漫长过程中，除了政治上的扶持，还因为它吸取了很多苯教的内容，才最终扎稳了脚跟，形成了不同于印度也不同于中原的地域性很强的佛教流派——藏传佛教。

曾经如此显赫的本土宗教遭到外来宗教的强烈冲击以至于几乎踪迹难寻，孜珠寺的存在就有了极其特殊的意义——它不仅是现在苯教教学体系最为完备的寺庙，还保存了大量的苯教经书、宗教仪式和法具器物。

这也是我多次前去的主要原因。

天葬（陈丹摄）

从寺庙前俯瞰念青唐古拉山群峰（陈丹摄）

活佛给信徒摩顶（陈丹摄）

第一次去孜珠寺是2002年6月，寺庙的独特和山形的奇异深深震撼了我，在我那20天采访过的数座寺庙中留下了最为深刻的印象。

再到孜珠寺

2004年11月的一天，早晨7点，天还没亮我就从丁青县城出发了，天空飘起了小雪，冬日的阴霾笼罩着大地，也笼罩着我寻找孜珠寺的去路。

明明记得两年前第一次来时是从317国道旁边的一条岔路进去的，这次我们的车在15公里的范围内来来回回寻找了三四次、折腾了两个小时，那条岔道就像是神秘失踪了，怎么也找不到。山脚下的藏民都不会汉语，什么也问不出来……

心灰意冷之下想起孜珠寺活佛丁真俄色说过的那句话：“孜珠寺不是一般人能去的，除了非常有缘分的人……”

即使是西藏本地人，也很少有上过孜珠寺的，因为它太过偏远和险峻。它一头扎入莽莽念青唐古拉山最深处，矗立于高耸入云的险峰顶端。以前，从山脚到山顶骑马需要大半天时间。现在虽然修通了一条简易公路直达寺庙，但也只能在天晴路况好时才能通行。一遇到下雨，即便是本地藏族驾驶员，那也是打死不走的路。所以，在以路险著称的西藏，上孜珠寺的路当算是险中之险了！

折腾了 3 个小时，就在我身陷两座笔直高耸的山峰挟持中、越走越没底、快要打算放弃的时候，一条狭窄的土路出现在左前方。右边是一条深谷溪流，那条细窄得只容一车通过的小道扶摇直上——正是通向高不可攀的孜珠山。

当海拔上升到将近 4800 米时，孜珠山那奇异陡峭的山峰出现在眼前。一如第一次见到她时同样的震撼，那些山峰的形状罕见得让人吃惊。在西藏几乎没有与之可比的！孜珠寺的主殿就坐落在它们的下方，另有一些修行小屋镶嵌在它左边的山体岩壁之上，错落地悬挂在那里，充满了神异的气氛。仔细看，能发现山峰顶端停留着一些秃鹫，如雕塑般伫立不动，几乎与山峰连成一体。

两个妇女背着沉重的筐子从山的一边远远走入我的镜头，走近一看才知道她们背的是干牛粪。后来寺里的僧人告诉我，她们是来给寺庙送燃料的信徒，住在山对面的桑多村，走到孜珠寺要 4 小时。在那条车路没有修通以前，庙里所有的需求补给都是靠信徒们以人力和牦牛运送上山的。

这不禁让我有些费解了：当初孜珠寺为何要选址在这样一个僻远难达的山巅之上呢？《西藏佛教》杂志总编、西藏社科院原院长平措次仁告诉我：不管是佛教也好，苯教也好，寺院选择有一定的程序，讲究风水。现在看来孜珠山是一个非常适合修行而且漂亮的

小僧人背着嘎乌去天葬台给死者加持（陈丹摄）

信徒（陈丹摄）

地方……

就在我驻足山巅凝望前方时，阳光突然刺破厚重的云层洒下来，平望过去，辽远空阔的天际下，念青唐古拉山脉的一群群雪峰巍峨耸立眼前，惊心动魄之气象壮烈而开阔。让人仿佛置身浩渺的天际云端。心，顿时无边……这样的环境的确能让人感知到一种不可抗拒的力量。

孜珠山也叫孜珠六台山。意为一个有 6 座山峰的巨大山体。堪布嘎松邓真告诉我，6 座山峰分别象征 6 种形象：第一座山峰是一头狮子，第二座像一只大鹏鸟，第三座是一位大喇嘛在教小僧人念经，

堪布嘎松手拿孜珠寺法器（陈丹摄）

宗教仪式上的装扮（陈丹摄）

第四座是一把刀子，第五座像一个三脚架，第六座是月亮和太阳。

也许是对我辛苦冒险寻访孜珠寺的回报，抑或是我和孜珠寺有很深的缘分，我上去的当天正值孜珠寺每年藏历九月举行的消灾祈福法会。我有缘看到了一场精彩的苯教宗教神舞表演，这种神舞是藏区最古老的宗教舞蹈。后来藏传佛教里的各种宗教舞蹈都是由此演变而来。这是一种护法神舞，即“护佑国泰民安”，寓意是让整个西藏风调雨顺，更多的百姓不要有痛苦和灾难。

不过活佛说在此需要申明一下：外界流传说孜珠寺有一种裸体宗教神舞，其实是一种误传。只不过寺庙在每逢鸡年有一次最为盛大的法会，到时候不仅有念经、超度、灌顶等活动，那时的宗教神舞也是最隆重、最精彩的，它与藏地其他任何神舞都完全不同。每12年才有一次。很值得一看。

于是，为了这难得的12年一遇，我第三次踏上了寻访孜珠寺之路。这一次，途中的险恶远胜前两次数倍。

苯教由盛而衰

在古象雄时期，苯教为象雄国的治国之教，孜珠山为象雄的“下方之门”，与“上方之源”冈仁波齐遥相呼应。在苯教的黄金时代，其疆域由西往东横跨数千里之遥。到了吐蕃时代初期，苯教仍是藏区的主流宗教，而且已经创立起自己的理论体系，编纂了一系列的苯教经典，也陆续修建了一些寺庙。孜珠寺是一座很古老的寺庙，于第二代藏王穆赤赞普时期修建，已经有两千多年历史了。

孜珠寺法会（陈丹摄）

到了藏王赤松德赞时期，苯教遭到了致命的打击。为了统治的需要，赤松德赞对苯教实施了压制性的强硬措施。为了达到在吐蕃只奉行佛教的目的，他采用了一种在表面上看来比较公平合理的巧妙手段——辩论，并宣布苯教输给佛教，由佛教取代了其在藏区的正统地位。吐蕃统治者把苯教僧侣流放到阿里等地，把苯教经籍全部收集起来，抛入水中或压在桑耶寺一座黑塔下面……只准信奉佛教，不准信奉苯教。从此，苯教一蹶不振，不得不退避到边远偏僻的地区，以保存自己的微薄势力。

“宗教本身是不可能有什么冲突的，只是被政治利用了而已……现在是佛中有苯、苯中有佛。藏传佛教就是在苯教的基础上发展起来的，苯教亦吸收了很多佛教的经典。”平措次仁说。

参加鸡年法会的信众（陈丹摄）

佛教与苯教经过斗争，为了适应生存需要都从对方吸取了某些东西，佛教积极发扬和利用苯教宗教仪轨和护法神方面的元素，而苯教在教法仪轨上得到促进变得完善。苯教作为青藏高原最古老的宗教文化传承，目前仍然以顽强的生命力在延续着。现在藏区一共有 86 座苯教寺庙、93 位苯教活佛、20 万左右苯教信徒，国际上研究苯教的人现在也为数不少。

目前苯教寺庙主要分布在西藏的日喀则、那曲、昌都、阿里几个地区，在四川嘉绒地区也有较强的势力。不过，孜珠寺活佛丁真俄色却有着这样的见地："其实教派并不重要，没有任何意义，只会把真理毁灭，让国家混乱。只是现在人们对苯教有些误解，因为没有人看过苯教的经文，只是传抄苯教教义，我觉得里面有很多苯教自己的文化思想才是最重要的。"

最后的奉献——丧葬习俗

天葬台在上山的必经之路旁边，快到寺庙时就能看见公路边的一片山坡上扔满了衣服，那是经长年累月堆积而成的，没有做任何处理，任其乱乱地铺散了满满一地，这是藏族人的习俗，希望来此朝拜的人看到死者衣服能给他们祝福和发愿。

我采访的当天正好遇到有当地人前来天葬，在得到活佛的允许后，在喇嘛嘎松的指引下，我站在远远的地方，静静地等待这一仪式的开始。

在能遥望到天葬台的山坡上，一群僧人在念经替死者超度，红色的僧衣在蓝天与黄土之间显得夺目异常。在藏族人心中，他们是指引亡灵穿过地狱的媒介与桥梁，这就是为什么天葬台总在寺庙附近的缘故。头顶响起了法螺声，低沉悠远的螺声引来了盘旋空中与伫立山巅的秃鹫，它们迅速地围拢在天葬台周围。

藏族人认为，其他大小鸟类都吃自己捕杀的肉类，但强大的秃鹫却从不杀生取肉，只吃自然死亡的肉体，实在没有肉，它们就会去吃蒿草，向这类清净的鸟布施自己的血肉，是具有功德的。

这时，一位小僧人拿起一个木匣子俯身轻轻触碰了一下死者的额头——这是孜珠寺天葬台不同于其他任何天葬台的一点！

“这有一段历史”，丁真活佛介绍说，“有个护法僧对第 37 代活佛桑杰林巴大师预言，他到内地会遇到一尊佛像，如请回到寺里能为普度众生结一个非常好的缘……最后在嘉绒时，大师遇见了这尊千手观音佛像……回到孜珠寺以后，将其放入护法殿命专人保管，并规定给来此天葬的每位死者加持发愿。前来朝拜的人，他们看到会发起一种慈悲心和怜悯心，产生一种温暖而祥和的感觉，会总结自己的一生，现在拥有的都只是用用而已，不要太过于执着而使自己不快乐……起到一种启发和总结的作用。”

至今，人类还没有找到一种最令自己满意的处理遗体的办法，最好是在死亡的一瞬间化作一阵清风，完全消失，了无踪影。可是，谁都知道，那是不可能的。所以，任何狭隘观点所导致的对天葬的误解都显得过于武断。

丁真活佛的坚守

苯教融合了很多佛教的东西，从表面看来二者没有太大区别。但仔细看就会发现苯教还是保留了一些自己的习惯，最明显的区别是：藏传佛教转经的方向是顺时针，而苯教正好相反。

这主要是佛经的装载方式不一样。苯教是字头在里，字尾在外，所以转经按字头方向。而其他教派转经筒里的经书字序正好相反，

欢迎仪仗（陈丹摄）

所以形成不同的两种转法。

区别还在有些法器上，比如苯教用一些手鼓、大鼓，特别是他们用的铃铛，和其他教派用的形状不一样……

不过，现在苯教从寺庙建设规模、经济条件来说，与佛教的差别就很大了。当我问到活佛想不想把路修得更好，让旅游业给寺庙带来经济效益时，活佛是这样回答的：

“我没有把寺庙的收入放在第一位，很多人都说我的寺庙条件艰苦，可我觉得还行，因为我们的目的不是要提高生活和修好寺庙，我觉得应顺其自然，特别是我不想把它弄成一个旅游区，那样经济可能会搞好，庙修得金光闪闪，可是它真正的意义、它的文化会消失。因为它真正的目的是让庙里现在两百多个僧人很好地学法，再将它们实践出来……变成旅游区会让他们看到另一面，慢慢地这种

信众观法会（陈丹摄）

虔诚的思想会没有了，如果没有了这个思想，寺庙修得再辉煌也没有意义，就剩下一个空壳。”

对活佛的采访是在他北京的住所里进行的，这位毕业于中国藏语系高级佛学院的年轻活佛是一位有着广博的见闻学识、很具现代意识的新一代活佛，与他交谈，让人受益匪浅。

坐在活佛那萦绕着清新藏香的整洁公寓里，我问他：“习惯了大城市的生活，回到山上会不会不习惯？”

活佛说：“不会。也许你们去了孜珠寺会觉得这两种环境太不同了，但对于我来说，我生长在那里，10 岁被认定为转世活佛，到达孜珠寺，在那里学习生活，启发了我人生的很多东西。对我来说，那是我的家乡我的家。很多人也这样问过我，我反问：‘你们觉得这里很好吗？’我觉得不那么好，因为不管在怎样的状态下，人们都

神舞之前的准备（陈丹摄）

孜珠寺活佛丁真俄色（陈丹摄）

是愁眉苦脸的，有什么好？”

在为寺庙修了那条上山的公路、在寺院建立了四所修学教法的学校、恢复了一座被毁的经堂之后，活佛的下一个心愿是想在今明两年把苯教的重要经文《甘珠尔》178 部一本本翻译成汉文，让更多人去了解苯教的文化。

历尽艰险三上孜珠寺

2005 年 7 月，我第三次上孜珠山，进藏时身体状况极差，朋友们都劝我不要贸然前往。在海拔 4800 米的高山上生病可不是开玩笑的。可我硬是执着地要在 7 月中旬赶到山上，因为时值孜珠寺 12 年一次的大法会，它是现今苯教最盛大的活动，到时孜珠山上会聚集最多的苯教信徒，有最完整的各种苯教仪式，还有最原始的苯教宗教舞蹈表演……这是一次最好的接触和认识苯教的机会，如果错过，意味着我要再等上整整 12 年！

雨季的黑昌公路到处是泥石流和塌方，心中的担忧折磨着我，上孜珠寺的路途相当险恶，就是晴天都不容易上去，更别说雨季了。第二次上山时所经历的波折还在警醒着自己："上孜珠寺是一件由缘分决定的事，不在乎你尽了多大的努力！"

从昌都到孜珠寺大概有 350 公里的路程。在这条路上，驾驶最好的越野车正常情况下也要跑七八小时，如果出了意外，比如遇到暴雨、泥石流或塌方什么的，时间就没个准了。

而不幸的是，这三种灾害偏偏都被我遇上了。

下了飞机赶到昌都，草草吃过饭已是下午 2 点过了，赶紧出发，如果运气好的话，我能在当天夜里赶到丁青县城，第二天一早上孜珠山！

上路时还是晴天，车开出不到两个小时，暴雨倾盆而下，越野车时速降到 20 公里，我的心揪了起来：暴雨啊！你温柔点，千万不要造成泥石流啊！

5 个小时后，天已黑尽，路程还没走过一半，正焦灼不堪的时候，前方山体上的土石滑落，挡住了去路——泥石流毫不留情地摆在了面前！我们只好冒雨下车清理路面，搬石头时甚至还能听见山上的落石下滑的飕飕声，像无数条毒蛇逼近。

等我们艰难行进着清理了四五处泥石流的路面后，已是深夜 12 点过了。这时，令人绝望的事情来了——离丁青县城 10 公里的一个弯道处，一溜大车安安静静地排了 100 多米——前面塌方了！当天夜里是不可能到丁青县城了！

没有地方住没关系，但如果明天早上赶不到孜珠寺，那就意味着我将错过最精彩的跳神舞仪式了！绝望之余，决定折返 20 公里，反正都是等，不如到孜珠山脚下去等，那样离我的目标会近一些。

到了山脚下，司机想探探路，看能不能上山，黑暗的雨夜中冲出一位交通警察挡在路中，大声吼道："不要命了！退回去！明天雨停了才准上去！" 这位警察是政府专为孜珠寺法会派驻山脚的，他说雨中是绝不能上孜珠山的，因为那条山路太简易，没有经验的车很容易滑下山崖，而雨中的夜晚，山路上遍布看不见的厚厚的泥浆，这时候上去等于是去送命！

那一夜，我蜷在车后座上，冻得瑟瑟发抖。心里一直在想：莫非是自己太执着了？莫非这次缘分不够？以至于历尽磨难却上不得孜珠寺？

孜珠寺的标记（陈丹摄）

一夜无眠

第二天清晨，当第一缕阳光刺进我的眼睛时，我几乎要哭出来了——老天啊！你终于被感动了！

尽管阳光晒干了一部分路段，但还是有很多路面的稀泥让我们的四驱车多次打滑，险象环生。我们用了 1 个小时爬上山顶，而其他两驱车或是经验不足司机的车只好滞留途中。

但当我们接近山顶时，我被眼前的景象惊呆了：平时空寂无人的孜珠山此时被几千顶白色的帐篷和数十万的人头占满了视线！这些信徒在法会开始前 20 天时就从四面八方汇拢来，无数的车辆从海拔 4700 米的公路一直泊到 4800 米，活佛门口挤跪着拼命企求摩顶的信众，有不少人还搭起了商铺帐篷……

从停车处爬上山顶，挪到活佛的住处，我极度虚弱的身体已经到了支撑的极限，拼命拨开挤在门前的信众——丁真活佛那亲和的面容终于出现在眼前……这次见到活佛有种历尽磨难终于见到故友的激动，满腔的艰辛与苦楚化作热泪在眼中滚动，严重体力透支与缺氧让我只能弓着身体喘息，说不出话来。活佛让人拿出许多吃的喝的堆在我面前，还有特制的治疗高原反应的药粉，然后将我安顿在他身边的垫子上休息，不让我起来活动，直到神舞开始。

鸡年神舞和法会

跳神舞 10 点开始，我来到主殿里化妆的地方，许多腰间围着兽皮的年轻僧人，在相互往彼此身上抹油彩，从头抹到脚，抹完后戴上不同的面具，陆续奔向大殿前的广场——神舞仪式就这样热热闹闹地开场了。

神舞的内容是地狱里的审判，有善恶二神，分着黑白两色的衣饰面具，那10多个身上涂满各色油彩的是“小鬼”，他们呜啦啦一通。协助审判后就冲入人群佯装追打，吓得人们惊叫哄笑着四散奔逃……最后小鬼们押住一个被审判过的人奔向天葬台，热热闹闹地将他“天葬”了……坡上坡下人群内外足足要跑半个小时。

这就是诸多资料上所描述的神秘诡异的孜珠寺“裸体宗教神舞”。没有人们讹传的那般奇异，反而充满了活泼和生气，很生动的一种原始宗教舞蹈。现场数十万人都被感染了惊惧和欢乐的情绪，既兴奋又刺激，哪怕中途又下起了雨，人群也不曾散去。

类似这样的表演有两场，其他还有一些着装隆重的跳神表演，与平日消灾祈福的跳神舞相似。

鸡年的法会是苯教徒一生中最为重要的节日，按照他们的说法，这个时候来到孜珠山的所有人都会有所收获，所以离得再远的苯教徒都会不辞辛劳地举家前往，来求得他们所祈望的解脱或是福气。

我当然也有自己的收获。古老的宗教文明散发出的巨大魅力深深地慑住了我，几千年前的文化召唤着我进入它们的世界：那些赞普、祭师、护法、神山、信众，那些咒语、祭祀、医学、教法、仪轨，那些身体的匍匐、梦中的呼唤、精神的支撑、灵魂的寄托、来生的憧憬……在脑中来回浮现。

下山后的一个月里，我的思绪一直在那个完全不同的世界里游走，心中不知不觉有了一个坚定的念头：我一定要再上孜珠寺。去静静地待上一段时日，去与活佛畅快地交谈，去看僧人们的生活，去走访周围的村庄……去深入了解几千年苯教的历史，去感受那古老而生动的精神文明。

原载《中国西藏》2007年第6期

绝壁葱茏中的静修地
——扎叶巴寺

曲莹益西

扎叶巴寺强巴佛殿（楚翘摄）

位于拉萨市达孜县境内拉日宁布山麓上的扎叶巴寺，是一处背倚绝壁、洞寺结合、佛殿错落分布的建筑群，其最高海拔 4300 多米。藏族民谚曰："西藏的灵地在拉萨，拉萨的灵地在叶巴；到了拉萨不去叶巴，等于做件新衣忘做领。"由此可见，扎叶巴寺在藏族人心目中的殊胜地位。

汽车顺着蜿蜒的山路沿叶巴山沟前进，头顶上方不断有五彩经幡交织飞舞，空中有矫健的神鹰盘旋而过，隐入拉日宁布山间不见踪影。扎叶巴，既是风景这般宜人、清凉自在的修行胜地，也是藏族历史文化荟萃、诸多故事流传的地方。

扎叶巴寺内供奉的松赞干布塑像（白岗卓桑摄）

大昭寺内藏妃芒萨赤嘉怀抱王子贡松贡赞的塑像（尼玛次仁摄）

藏妃芒萨赤嘉

相传扎叶巴寺始建于公元7世纪，距今已有1500年的历史，原是吐蕃第三十二代赞普松赞干布为其王妃芒萨赤嘉修建的修行神庙，后来几经扩建，形成了现在紧嵌于绝壁崖缝间的扎叶巴寺。

芒萨赤嘉，是松赞干布的第一位妃子，也是松赞干布五位王妃中唯一为其诞下子嗣的王妃。另外四位王妃是木雅王之女木雅茹妃嘉姆措、阿里象雄王之女象雄妃勒托曼以及尼泊尔赤尊公主和唐朝文成公主。

当年，松赞干布的父亲朗日松赞被毒弑后，青藏高原上一片松散混乱的局面。松赞干布亲政时面临着诸多挑战和困难，他采取政治联姻的手段，迎娶实力雄厚的堆龙芒地尚伦之女芒萨赤嘉为妻，获得堆龙芒地势力的支持，为其统一大业增添助力。据传，

扎叶巴寺一角（楚翘摄）

"芒"（蒙）氏为西藏上古四大氏族穆氏族的八大分支之一。吐蕃时期，曲水至堆龙德庆一带曾是"芒"氏家族领地。

《西藏通史》上说，芒萨赤嘉"为尚伦之女，她门第高贵，年轻貌美，俏丽多姿，有内外一切品德"。"芒萨"意为"芒氏妃"，"赤嘉"是对王室或贵族妇人的敬称。公元633年，芒萨赤嘉为17岁的松赞干布生下了王子贡松贡赞。至今，在大昭寺一层中心殿堂回廊北台座上，除了赞普与文成公主、赤尊公主的塑像之外，还有芒萨赤嘉怀抱王子贡松贡赞的塑像。

虽然为松赞干布诞育了王位继承人，芒萨赤嘉在王室中并没有获得太高地位。当时吐蕃的觉蒙，也就是松赞干布的正妻、吐蕃的王后是来自尼泊尔的赤尊公主，其余几位王妃均在觉蒙之下，包括从唐朝千里迢迢到吐蕃和亲的文成公主，她的身份是赞蒙，与觉蒙间有着根本差别。和其他妃子相比，芒萨赤嘉只是芒地部落头人之女，身份地位和其他"宗室"出身的王妃无法相提并论，这也许就是她未能在历史记载中多留些笔墨的原因了，可见当时吐蕃社会尊卑有序，等级观念是非常苛刻严肃的。这一点从松赞干布为五位妃子各自修建的宫殿及修行场所也能窥见一斑：当时，为了迎娶尼泊尔赤尊公主，松赞干布耗费巨资修建了金碧辉煌的大昭寺；为文成公主修建的是小昭寺，虽同处当时吐蕃的政治中心拉萨，但小昭寺的规模和影响远不如大昭寺；为芒萨赤嘉修建了扎叶巴寺；为木雅茹妃嘉姆措修建了卡查寺；为象雄妃勒托曼修建了赞塘寺。

值得一提的是，芒萨赤嘉原是信奉苯教的，那么松赞干布为其修建的"修行神庙"最初应为苯教修行场所，后来随着松赞干布在吐蕃疆域大力推崇佛教，扎叶巴寺也自然而然地成了佛教修行圣地，无数高僧大德和隐修士来此静修。

法王洞的羊乳石

夏季从空中俯瞰叶巴山沟，碧绿葱茏的扎叶巴是藏传佛教本尊之一绿度母的自然显现，形态逼真，婀娜动人。扎叶巴寺周围遍布108个闭关修行洞，最有名的是莲花生大师修行过的月亮洞，阿底峡尊者住过的祖师洞，藏王松赞干布静修过的法王洞。

法王洞音译名为却伽住浦，位于扎叶巴寺强巴佛殿旁边。洞内漆黑，没有电灯，只有几盏酥油灯千年来亘古不变地闪烁着。守洞的老僧人提醒我们低下头以免不小心撞到洞顶，过了许久我们才适应洞内光线，只见法王洞的四壁和洞顶遍布着白色的石头颗粒，洁白光润，令人称奇。

这些石头称作羊乳石，是哪里的羊？这得从大昭寺说起。大昭寺的原址是一片湖，修建大昭寺的三年浩荡工程从一千只白山羊驮土填湖开始。为了纪念白山羊的功绩，大昭寺佛殿最初命名为“惹萨”，藏语中称山羊为“惹”，称土为“萨”，后改称“祖拉康”（经堂），全称为“惹萨噶喜墀囊祖拉康”，意即由山羊驮土建的寺庙。传说，松赞干布来到扎叶巴寺山洞闭关修行时，有一只曾参与大昭寺填湖工程的白山羊经常来到山洞，给松赞干布送来新鲜可口的羊乳，以示尊敬与供养。

守洞老僧人示意我们伸出手指去沾洞顶的滴水，然后放入口中品尝。当手指触摸到那些洁白的羊乳石时，我发现这遍布全洞的羊乳石触感光润细腻，那些密密麻麻的凸起、团团块块的形态体表也像极了奶酪，非常神奇。法王洞的顶部不断渗透出洁净的圣水，仔细品尝，似乎又不是水，也不是羊乳，比羊乳清洌，比水更甘甜。

传说，曾有一个藏族哑巴牧女来到扎叶巴寺法王洞朝拜，由于又累又饿，看到了满洞犹如奶酪般的羊乳石，和石头缝间不断渗出

黄色的强巴佛殿旁边是法王洞却给住浦所在地（白岗卓桑摄）

扎叶巴寺一处佛殿中供奉的传说是益西措嘉佛母的脚印（楚翘摄）

的犹如羊乳般的圣水，她不由自主地伸出舌头去舔食，过了不久就感到腹中已饱，喉咙里发痒，张口就发出“噢啊哦”的声音，哑巴牧女惊奇地发现，自己竟然能开口说话了……

松赞干布在位时推崇佛教发展，身体力行到扎叶巴寺闭关修行，而王族后代、吐蕃末代赞普朗达玛却偏偏与祖先的意愿背道而驰。于是，莲花生大师二十五位弟子之一、曾到过扎叶巴寺闭关修行的拉隆·白季多吉，便在历史上留下了惊心动魄的一笔。

一箭结束吐蕃历史

在吐蕃历史上曾多次出现过佛苯相争的局面，尤以吐蕃末代赞普朗达玛的灭佛运动为盛。朗达玛即位后大力兴苯灭佛，桑耶寺、大昭寺等著名寺院神殿都被封闭，小昭寺被当作牛圈使用，凡是佛教活动的场所都遭到查禁；僧人的处境惨不忍睹，逃到印度的僧人在半路仍被追杀，留在吐蕃的僧人不是被迫还俗就是弃佛归苯，有些不愿放弃原有宗教信仰的，就到深山隐居……社会处于动乱之中。

此时，一位名叫拉隆·白季多吉的佛教信徒实在无法忍受，他认为朗达玛危害人民，践踏佛教，自己必须替天行道，刺死朗达玛。于是，他穿一件黑白双面大袍，黑色朝外，把一匹白马用颜料涂成黑色，暗藏弓箭，寻找着刺杀朗达玛的机会。

朗达玛平时从不轻易抛头露面，终日待在宫中。一天，大街上热闹非凡，朗达玛听到器乐和歌声十分好奇，但又不敢在窗前观望，只是露出一只眼往外观看，街上精彩的舞蹈使他忘记提防，从窗口露出头来观看。此时，拉隆·白季多吉一箭射去，正中头颅。朗达玛大吼一声道："要杀我，为何不早两年或晚两年？"言毕便毙命了。朗达玛的意思是：如果早两年杀了他，他就不会作出灭佛的恶业，如果晚两年杀死他，他灭佛的愿望就能够实现了。

射杀后，拉隆·白季多吉驱马逃离，赞普的军队穷追不舍。在渡过拉萨河时，染成黑色的马变成了白色，拉隆·白季多吉把黑色朝外的大袍换下，让白色面子露在外面，变成了穿白衣骑白马的人，追兵从他身边经过而没有认出来。

勇敢机智的拉隆·白季多吉是藏传佛教中的英雄形象，在许多藏传佛教寺庙的跳神节上，都会演绎这个故事，纪念这段传奇的历史。扎叶巴寺拉隆·白季多吉修行洞内现存有拉隆·白季多吉的足

笃布巴大师天然自显像（白岗卓桑摄）

佛殿长明的酥油灯（楚翘摄）

印和一千多年前绘于崖窟内的壁画。

朗达玛赞普被刺杀后，吐蕃王室内分离成两派，各自支持两位年幼王子来继承赞普位，于是发生内战，随之又爆发平民起义，吐蕃王朝很快被推翻，分裂成若干个小邦。吐蕃王朝的覆灭以及多个地方割据势力的形成，为藏传佛教的复兴和发展创造了一个崭新的空间，随之出现了藏传佛教史上的“后弘期”。

笃布巴大师自显像

历史上，扎叶巴寺和拉萨大昭寺有着不可分割的密切关系。当年，为了大昭寺的顺利修建，松赞干布亲自到扎叶巴寺闭关，还下令将大昭寺工地上最好的石头和泥土送到扎叶巴这块具有灵气的地方。后来，泥土被做成了大日如来佛像放置在佛殿供奉起来，而当年那块石头也在几百年后自然显现出一位藏传佛教大成就者的形象，令世人称奇并膜拜，他就是笃布巴大师。

笃布巴大师生于元朝，享誉卫藏，在内地统治阶级上层中也有

这座白色的房子叫作桑龙日追，是乔列南杰闭关的地方。（白岗卓桑摄）

很大影响，蒙古王室也派出使者迎请过他，他博学多识，一生著述颇丰。扎叶巴寺不分教派，藏传佛教各个教派的高僧都相继在此地留下足迹，出身觉囊派的笃布巴大师也曾到扎叶巴寺闭关静修过，至今其闭关山洞仍在，音译为桑阿住浦。洞内供奉着一尊笃布巴大师金铜法像，一盏巨大的酥油灯彻夜长明，洁白的哈达铺满洞中，过往不少信众前来朝拜。

笃布巴大师的十四大弟子之一的乔列南杰，曾是藏传佛教格鲁派创始人宗喀巴大师的上师之一，当时宗喀巴大师向乔列南杰求取过觉囊派时轮金刚六支瑜伽灌顶。年轻时，乔列南杰并不相信觉囊派的他空见地，想要找笃布巴大师当面辩论，但当他真正来到被称作“雪域遍知一切法主”的笃布巴大师面前，听受了教法后，当即

一位常年在扎叶巴闭关修行的瑜伽士（白岗卓桑摄）

惭愧地低下头，拜博学多闻的笃布巴大师为师，并继承了笃布巴大师法钵。

一次，乔列南杰在梦中看到笃布巴大师在对着自己微笑，地点是在扎叶巴寺。醒来后，乔列南杰按照梦中的指示来到扎叶巴寺寻找上师的踪迹。遍寻无果后，他来到一处佛殿休息，看到了当年修建大昭寺那块被松赞干布送到扎叶巴寺供奉的石头，感到无比神圣，当即伏身跪拜，这时，石头上放出异光，笃布巴大师的形象准确无误地在石头上显现，如梦中一般，面露微笑。

如今，这块有着笃布巴大师天然自显像的石头被供奉在扎叶巴寺一座佛殿的木柜中，石头有 30 厘米大小，上面随着自显像的轮廓用金汁和矿物颜料涂抹勾勒出面容和衣饰，造型浑然天成，质朴庄重。站在近处凝视，一想到眼前是 1400 多年前吐蕃时代的石头，以及据说 700 多年前石头上自然显现的人像，心中充满了对历史的赞叹和敬畏。在苍茫浩瀚的历史长河中，在西藏这片神奇的土地上，在灵气逼人的扎叶巴，一切都有可能发生。

离开扎叶巴寺的路上，我们遇到了一位须发长长的瑜伽士，经过攀谈，得知老人在扎叶巴隐居修行，已经很多年没有下山了。同行的藏族朋友说，扎叶巴风水极好，灵气充足，是西藏几大隐修地之一，传说在这里闭关三天相当于在别的地方闭关三年，故而隐居了很多世外高人……寥寥几语，扎叶巴越发地让人意犹未尽。

原载《中国西藏》2017 年第 5 期

藏传佛教后弘期发祥地
——丹斗寺

程德美

丹斗寺位于青海省东部的丹霞如火的小积石山中，背靠湟水南山，面朝黄河，经过九曲九峡的黄河在丹斗寺的凝视中奔下青藏高原。这座深山古寺，规模不大，却在藏传佛教历史中占有重要的地位。

丹斗寺的历史渊源

佛教从公元 7 世纪传入西藏（那时称为吐蕃）后，一直与当地的原始苯教有着激烈的斗争，经过 200 多年的发展，到了第八代赞普时期，吐蕃社会经济繁荣，佛教也在王族的扶持下得到很大发展。除了修建寺庙以外，赞普规定每家要有一个人出家，7 户平民供养一个僧人。僧侣势力的扩张增加了社会的负担，引起了贵族集团的不满，也遭到了苯教势力的猛烈抵抗。

公元 838 年，赞普的弟弟朗达玛篡位上台后，颁布了灭法废佛

坐落在丹斗山壁上的丹斗寺（程德美摄）

的命令，关闭西藏境内大小寺院，迫使僧人还俗，烧毁佛经，命人将大昭寺和小昭寺的佛像抛入水中。在此种情况下，一些藏传佛教僧人逃往印度和吐蕃最偏远的阿里地区以及青海东部、四川西北部和云南北部地区。西藏佛教的前弘期结束。

当时拉萨附近的三位佛教僧人藏饶赛、约格琼、玛尔释迦牟尼听到朗达玛灭佛的事情后，就用骡子驮上佛教经典的戒律和论书，逃往阿里。后来又从阿里逃往南疆、内蒙古和甘肃。在流离了几十年后，最后终于逃到了青藏高原东部边缘，流落到尖扎、化隆和循化的丹霞山岩中。在这里研习佛经，传播教义。

在丹斗山南面的黄河边，有一个叫加吾的小村子，大约在1000多年前，那里还是一片牧场，当地的藏族人大多信奉苯教。15岁的牧羊人穆苏萨巴听放羊的伙伴说，山上的岩洞里有几个隐居读经的僧人。于是牧羊人爬上高山，找到了藏饶赛、约格琼、玛尔释迦牟尼这三位来自西藏的僧人，并拜他们为师。公元907年，已经熟悉佛教经典的穆苏萨巴坚定地表示愿意接受《律部仪轨》，剃度受了沙弥戒，在经过一段学习后改名为“贡巴饶赛”，意思是通达佛教教义。

在他年满20岁的时候，贡巴饶赛受了比丘戒，受比丘戒需要五位老师才符合戒律，碰巧的是那位曾经射杀藏王朗达玛的拉隆·贝吉多杰也逃亡到黄河边的深山里，最后贡巴饶

喇钦·贡巴饶赛（程德美摄）

古老的壁画（程德美摄）

丹斗寺里供奉的藏饶赛、约格琼、玛尔释迦牟尼三贤哲的塑像。（程德美摄）

丹斗寺建筑规模最大的是大经堂，那里是全寺僧众集体诵经的地方。（程德美摄）

赛在三位老师和贝吉多杰等人的面前受了比丘戒。藏传佛教史上把这一年称为佛教后弘期的开端。

贡巴饶赛受戒后，一直隐居在丹斗山的岩洞里学经，他很聪明，学识过人，名气越来越大，被山前山后村庄里的人们尊称为“喇钦”，意为“大师”，从此人们称他为“喇钦·贡巴饶赛”。后来他在当地藏族部落头人的帮助下，在丹斗山的岩洞边和峭壁上修建寺院，弘扬佛教。

卢梅·崔臣喜饶等卫藏十弟子来丹斗学习并受戒，他们拜贡巴饶赛为师，贡巴饶赛为他们授戒，指导他们学习佛教的律藏，并把藏饶赛等三人逃离吐蕃时带来的佛教经典传授给他们。学成后，卢梅等人返回西藏弘法，在西藏山南桑耶地方部落首领的支持下弘扬佛教。他们在山南修复了桑耶寺，并建立了一批新的寺院。贡巴饶赛的几批学生陆续在整个西藏弘扬佛教，佛教很快就得到了恢复。不久就超过了朗达玛灭佛之前的规模。佛教从青海地区重新传入西藏，并复兴起来，藏传佛教史上称之为“下路弘传”。而佛教在西部的阿里地区得到振兴，被称为“上路弘传”。

在此期间，贡巴饶赛和他的三位老师一直住在丹斗寺。藏饶赛和玛尔释迦牟尼年迈时迁到平安驿湟水北岸的玛藏崖白马寺，凿崖为洞，居住修行。晚年的约格琼也在离玛藏崖不远的约格沟中居住。最后，约格琼在西宁圆寂。贡巴饶赛在玛藏崖圆寂，享年 84 岁。他的学生们将他的遗体涂上药泥，塑成神像，供奉在岩洞中，当地的藏族人把这地方叫作“玛藏喇钦”。到元代，信徒们为三位贤哲在西宁西大街修建了大佛寺，在佛殿内塑有三贤哲巨大塑像，取名大佛寺。现在大佛寺被看作藏传佛教“后弘期”的祖寺。公元 1390 年，明洪武二十三年，青海的大土司李南哥重建了西宁大佛寺。

由于西藏佛教复兴得力于喇钦弘传佛法，延续律仪，传递衣钵，后人尊他为后弘鼻祖，他所在的丹斗寺被称为西藏佛教后弘的发祥地，在整个藏传佛教史上占有重要位置。

探访丹斗寺

丹斗寺所在地属于青海省化隆地方，是藏族人生活的最东部地域，无论是从黄河南岸的循化积石镇过黄河上山，还是从北方的化隆巴燕镇翻山越岭，到丹斗寺都不容易。即便现在青海已经乡乡通了公路，但仍旧到不了丹斗寺，因为丹斗寺坐落在大山深处的悬崖峭壁之间。从实际距离来说，丹斗寺距离北面的下科巴村仅 8 公里，距离南面的黄河仅 15 公里，但都需要攀登大山才能到达丹斗寺。

我们驱车从青海省省会西宁到化隆回族自治县的扎巴镇，全线是高速公路，过去盘山艰难的青沙山也有了隧道。从扎巴镇到县城

丹斗寺殿堂（程德美摄）

巴燕镇也是宽阔平整的二级公路了。出了巴燕，一路上翻过了 4 座高山，不断上山下谷，路上车很少，极其清静。沿途都是藏族村庄，雪山、绿田中，散落着经幡、白塔，十分秀丽。这条道路是近年才铺设的，它是从甘肃大河家黄河古渡进青海的又一条便捷的通道，其实这条路，早在 1400 多年前，隋炀帝率兵 40 万到这里围猎时就有了，到了宋朝才变成了正式的道路。这条盘旋在群山中的古道，经过了千年的变迁，才发展成如今的坦途。

车开到科巴村后再无公路前往丹斗寺。科巴村与丹斗寺相对高度不到千米，但在高原上，1000 米已经不是小数目了。尤其是要翻越两座山。丹斗大山的一翼如旋梯一样陡峭地落在了科巴村的中央，村子被山分成了南北两簇，所以进山的路也分成了两条，北路较缓，南路陡峭。

初麻、金源的秀丽风景（程德美摄）

第一座山并不很高，抬头就可以望见山口的箭镞和经幡，当我爬上山巅，坐在山口喘息的时候，回头望科巴村，山脚下一片屋顶，一片葱绿。

起身下山，下到几百米深的山谷石滩，再重新向上攀登。路越来越陡峭，也越来越窄小。整个大山里，万籁俱寂，苍鹰在蓝天深处无声地滑翔。山口的经幡在烈日和山风中，显得格外震撼，我爬过山口，前方的群山扑面而来。一条绿色的幽静峡谷出现在我脚下。回头望科巴，只见远方缥缈的小山口，而科巴早已经消失在蓝天白

科巴村（程德美摄）

云和群山中。

沿着山石堆砌的小路下到了峡谷的底部，只见在一个相同的高度上，几乎每一座山上都有许多深陷的洞窟，就像人的眼睛。

走到干涸的河滩，转进一个更大的峡谷，一片寺院突然出现在眼前。这就是丹斗寺了，一座洒落在深山峡谷中的寺院。

走进丹斗峡谷，干涸的沙滩两侧是高耸的岩壁，丹霞地貌鬼斧神工，经千万年前的造山运动，砾石、砂石胶结形成了坚硬的岩壁，又经过千万年的水流侵蚀，岩壁中形成了条条水平的蚀痕，深浅不一的蚀痕中，隐藏着无数神秘莫测的洞窟。我想，1000 多年前，藏传佛教的先哲们走过这里，也许正是丹霞的雄浑、灿烂和难以抗拒的阳刚之气，使他们留在了丹斗的山崖中。

坡地的最高处是一座整齐的院落，除了风铃叮当外，没有一丝音响。门檐下，一张手绘的“名片”代替了门牌号码。我敲动门环，许久门开，出来一位精干的阿卡（青海方言，僧人），我说明来意后，他把我引入院子内。

他叫格藏，给我倒茶，请我吃馍馍，他打开手机给正在西宁的丹斗寺活佛才旦堪布打电话。

丹斗寺住持是第十四世才旦堪布阿旺洛桑丹贝坚赞。活佛 1965 年农历四月一日出生在丹斗山南面黄河边的加入村，1993 年成为才旦寺寺主，那年他已经 28 岁。因为丹斗寺是才旦寺的属寺，所以信众也称呼他为丹斗堪布或丹斗活佛。1995 年到 1997 年他在中国藏语系高级佛学院学习，2000 年到 2002 年又在中国人民大学哲学系学习宗教学专业。那时，他正在编写丹斗寺志，碰巧在雍和宫遇上，后来我还为他整理过丹斗寺志，于是就有了一面之交。

山崖上的寺院

休息片刻后，格藏带我走进正殿。丹斗寺各个佛殿有个共同的地方，几乎所有的殿都是建在山岩洞窟的外面，所以正殿相当于洞窟的大门，殿的深处就是洞窟。宽阔的洞窟中还有若干小窟。

格藏管理的殿是阿尼鲁加殿，也就是龙王殿，殿内供有释迦牟尼佛、持金刚、无量寿等佛像，正殿背后，有一个 2 米多高的小窟，里面供着龙王。也许山里最重要的生活依靠是水，所以龙王成了地神的象征，只有在藏历四月十一日那天才让人朝拜。

离开阿尼鲁加殿，格藏把我引见给丹斗寺的寺管会主任索巴，因为才旦堪布要管理许多寺院，同时又是塔尔寺的活佛，大多数时间驻在塔尔寺，所以索巴就成了丹斗寺的负责人。

索巴非常热情，他对所有的殿堂和菩萨的典故了如指掌，并且能流畅准确地用汉语表达出来。索巴告诉我，丹斗寺是民和县杏儿

科巴村人（程德美摄）

沟才旦寺的属寺。才旦堪布和才旦夏茸共同管理着才旦寺和其他 6 个属寺。

索巴带我沿着石壁下的转经路向东走去，石壁上的阿吉达修行殿边是一排转经筒，大殿如钟鼓楼式样，里面供有三世佛、妙音天女、米拉日巴上师和阿吉达修士等像。

山崖上有三世达赖喇嘛修行殿，明万历年间，第三世达赖喇嘛索南嘉措曾来该寺朝拜，并一度闭关修持。后来人们在他的修行处建成此殿，殿内供释迦牟尼、持金刚、无量寿、弥勒、四臂观音、绿白度母以及三世达赖喇嘛像。

“三贤哲”及喇钦殿，建在山崖上，极为险峻，内供有藏饶赛等三人和喇钦的塑像。

丹斗寺建筑规模最大的是大经堂，那里是全寺僧众集体诵经的地方，经堂内有许多精美的壁画，供桌上摆放着才旦堪布的照片。

寺院东侧，险峰林立，循崎岖山径，东行一公里许，有著名的丹斗静房，于明万历年间，由第三世达赖喇嘛开辟，历史上一直是僧人的闭关静修地。

才旦活佛的经堂和居室是一座汉式院落，下午阳光已经倾斜，把院子里的菩提树叶照射得灿烂夺目。

热杂帕殿是丹斗山崖中最幽静、最美丽的地方。热杂帕殿建在一片巨大的岩石下，两层殿顶金碧辉煌，院内大树参天。热杂帕就是传说中的释迦牟尼的前世须达那太子，传说在许久以前须达那和妻子在这里居住了 12 年，后来人们在太子住过的地方建成此殿。寺内的墙壁上还画着须达那太子的传奇故事。如今，陡崖下的院子里，菩提树茂盛，牡丹花盛开。

金殿南侧才旦夏茸行宫，是寺主来寺后的驻锡地，在热杂帕殿左侧，为一四合院，内有才旦夏茸灵塔，灵塔建于 1985 年。门廊中高悬着香客弟子们赠送的大匾，匾上写着四个大字“宏法渊教”。人们以此怀念着才旦夏茸先生。

格鲁派高僧才旦夏茸

第六世才旦夏茸全名才旦夏茸·久美柔贝洛珠。他是当代藏传佛教格鲁派的高僧，更是著名学者和藏学家。他于 1910 年出生在黄河边的积石镇，和喇钦的故乡加入村一水之隔。他在 3 岁时被认定为才旦寺五世才旦夏茸活佛的转世灵童。5 岁时在加入村拜谒了尊师晋美丹曲嘉措大师，6 岁的时候就被迎到才旦寺坐床。

才旦夏茸 10 岁时在丹斗寺修习佛法，从此长期跟随晋美丹曲嘉措大师学习。1936 年开始到各地弘法讲经。同年与才旦堪布一起出

三世达赖喇嘛修行窟（程德美摄）

资维修和扩建了丹斗寺。1937 年到丹斗寺讲经，主持当地许多寺院的维修和扩建工作。

新中国成立后，才旦夏茸开始从事民族事务及发展藏族文化的工作。1954 年夏天，才旦夏茸赴北京参加宪法、党和政府的政策法令、毛泽东著作哲学部分的藏译和审定工作。1957 年，与桑热嘉措一道整理藏族史诗《格萨尔王传》，后来到民族出版社和青海民族学院工作。1979 年后，受聘为西北民族学院少数民族语言文学系教授。历任中国佛教协会理事、第六届全国政协委员、西藏天文历算研究所名誉所长、中国语言学会理事等职。

1985 年才旦夏茸在甘肃拉卜楞寺圆寂，享年 75 岁。十世班禅大师曾说过：“我国藏族中，在藏学方面有这么高造诣的人不多。他的著作是多方面的，在培养人才方面也作出了贡献，我非常尊敬他。他热爱共产党，热爱祖国，维护民族团结和祖国统一。”

如今，无论是藏传佛教界还是藏学界，都深深地怀念才旦夏茸大师。

走完丹斗的转经山道，瞻仰完丹斗的经堂、佛塔和僧舍，索巴引领着我又返回最高处的阿尼鲁加殿。太阳开始西斜，索巴和格藏热情地挽留我，但现在已经4点多钟，我实在没有时间了，因为下山还需两个小时。

格藏给我端来了方便面和馍馍，我把自己带来的面包跟格藏交换了巨大的馍馍，一起喝茶吃馍。走出阿尼鲁加殿，索巴和格藏一直站在那里挥手向我送别。

原载《中国西藏》2008年第1期

瞿昙寺：深山里的小故宫

程德美

宝光殿前的藏式白塔（程德美摄）

引言：偏居青海一隅的瞿昙寺，在历史上有着极高的名声。明朝13帝，多少宠爱在其身。在这样一个藏传佛教寺院里，有着仿明故宫的汉式建筑、壮丽的明清壁画以及精美、尊贵的稀世珍品。但是经过600多年的风云变幻，曾经红极一时、盛极一方的瞿昙寺已荣耀不再，但是因它而产生的建筑、壁画、石雕艺术，却仍是一份丰富而厚重的民族文化遗产。

瞿昙寺院落内景（程德美摄）

作者 1996 年与文管会的马骏和小僧人罗嘎的合影（程德美提供）

作者 2006 年再回瞿昙寺，见到了马骏的儿子马小英和新来的小僧人。（程德美提供）

都说青海最负盛名的寺庙是塔尔寺，然而在我心里，比塔尔寺历史更悠久的瞿昙寺更值得回味。比起塔尔寺庞大的信众、如梭的游人和丰足的香油，瞿昙寺是寂寞的，只有偶尔刮来的轻风，才会让檐下的铃铛发出点响声。但是历史的尘封，丝毫不能掩盖其光芒，环视它那历经 600 多年的建筑、壁画和尊尊精美的文物，你只会对它心存敬意。

繁华与荣耀都随雨打风吹去

初次见到瞿昙寺是 1972 年。那时，我在青海乐都一个锻造厂里当铁匠。我的徒弟是藏族人，家住乐都南山，我常

深藏在青海拉脊山中的“小故宫”——瞿昙寺（程德美摄）

搭上拖拉机去他家玩。过湟水河走进南山岗沟，河谷里春天有杏花绽放，夏天是青稞苗青青。而海拔 4000 多米的南山顶上则四季有积雪。

乐都的海拔高度 1900 多米，走向南山，海拔渐高，而山谷也渐渐变窄，泥泞的盘山小路直让人揪心。忽然，山谷尽头，南山崖下，赫然出现一片熟悉的场景：一条规矩的中轴线，一片对称的大屋檐，一座完全汉式的寺院，俨然一座北京的王府。徒弟告诉我，那是瞿昙寺。

瞿昙寺坐落于乐都县南山沈家峡的上游，海拔 2400 多米，西北靠罗汉山，东南临瞿昙河，河的南岸就是梯田层叠的凤凰山。瞿昙寺山环水抱，随势而起。有好风水者说这是一块风水宝地：靠山罗汉山，山势浑圆端正，犹如一座巨大的屏风，挡寒风，纳阳光，又似一顶硕大无比的军帐，寺院建筑呈“将军坐帐”之形。主山东侧有庙顶子山，西侧有卧虎山，是“左右沙山环抱”，山门临着一条

作者于 1972 年拍摄到的“象背云鼓”（程德美摄）

修复后的象背云鼓（程德美摄）

清澈的瞿昙河，环绕而过。隔河遥对的照山凤凰山“俯首来朝”……

瞿昙寺也许确系风水宝地，因为在寺中遗存的明代皇帝朱高炽于洪熙元年（1425）撰写的御制瞿昙寺碑碑文上交代了明初瞿昙寺选址、规划、营建、赐名的过程，“命官相土，审位面势，简材饬工，肇作兰若，高闳壮丽，赐名瞿昙……”。“命官相土”就是钦命官员赴实地考察选址。“审位”即是审定方位，确定朝向。

其实，瞿昙寺现址早先是一座小佛堂，由一位从西藏游历到青海的噶玛噶举派的僧人桑儿加查实（俗称三罗喇嘛）修建的。关于三罗喇嘛修建佛堂民间还有一个神奇的传说。据说，三罗喇嘛来到此地时，身后的罗汉山松柏参天，门前的瞿昙河畔杨柳荫浓。三罗喇嘛感动于荒野之中竟有如此灵地，遂高诵佛号，停杖憩息。临行时忘携禅杖，待回身去取，却见禅杖已在泉边扎根，长成寺前高大的珍珠树……

南碑亭（程德美摄）

过了瞿昙河，穿过几户人家，绕过残破的土坯城垣，只见瞿昙寺的大门紧锁着。徒弟带我绕到大墙的北侧，找到一户人家，一个抱着小尕娃的老人打开了寺院的旁门。

这就是被当地人称为“小故宫”的瞿昙寺？我被眼前的景象惊呆了。羊儿站在平平的屋顶上吃草，所有的大墙斑驳脱落，裸露出里面的土坯或石砖。朝阳一面的油皮被晒成灰白，所有的彩画都卷起了薄皮……走进最后一座大殿隆国殿，迎面是一面 1 米直径的大鼓，被撕破的牛皮鼓面在山风里飘动，鼓下是一只石雕小象，目光呆滞。那就是瞿昙寺最著名的石雕“象背云鼓”？繁华都随雨打风吹去。看着眼前的瞿昙寺，有谁想得到它曾有过非常的兴旺与荣耀？

乐都位于西宁东面，地处青海省最东部的河湟谷地，也就是黄

隆国殿（程德美摄）

河、湟水河流域。这里农业发达，是青海最富庶之地，早在 4000 多年前，乐都的柳湾就生活着农耕部落。这里地处青藏高原的东北边沿，也是吐蕃民族生活的边缘地区，也正因为如此，早在公元 9 世纪，经历了磨难后的藏传佛教在南山深处得到了弘扬。

明初，政权根基未稳，于是朱元璋一方面对西北蒙古贵族及各族官吏进行招抚，另一方面派兵进军陕、甘、青地区。1370 年，明军进入青海东部地区追剿元兵残部，当地一些藏族人也跟着闹事，局面混乱。在罕东各藏族部族中享有很高声望的三罗喇嘛，遂劝说罕东各藏族部落归顺朝廷，为明朝立足西陲奠定了基础。朱元璋由此意识到作为宗教势力代表的三罗喇嘛的作用和地位。后来三罗喇嘛去南京进贡，请求朱元璋对他的寺院给予护持和赐名，朱元璋见他“藏扬佛法，忠顺朝廷”，遂于洪武二十五年（1392）御赐寺额“瞿昙寺”，并拨款建寺。瞿昙两个字来源于梵文“乔达摩”，是佛祖释迦牟尼的姓氏，600 多年前的金字大匾至今仍悬挂在瞿昙寺殿前廊内。

瞿昙寺得到了明朝历代朝廷的扶持，1393 年，明政府首先在乐都瞿昙寺设西宁僧纲司，三罗喇嘛被授为都纲，掌管青海宗教事务。这是在青海设的第一个僧司衙门。此后明朝 13 帝中有 7 位先后下过敕谕，赐匾额、修佛堂、立碑记、赐印诏。永乐年间还派遣御用太监孟继等 4 人奉旨修寺，调集宫廷匠师专司建造。从洪武二十五年

隆国殿中树立的明代“皇帝万万岁”牌（程德美摄）

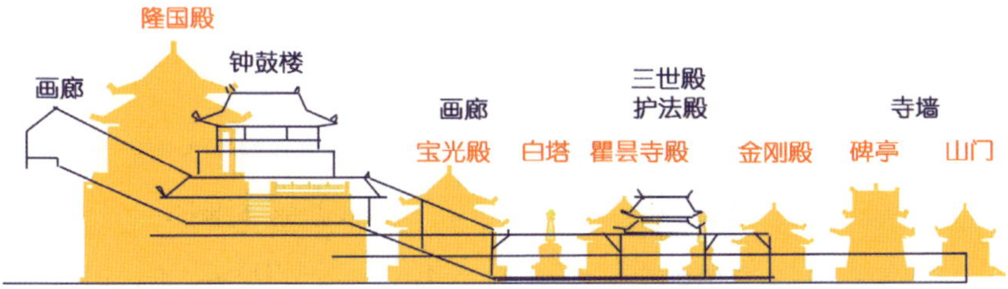

瞿昙寺剖面线框（程德美提供）

建瞿昙殿至宣德二年隆国殿落成（1392—1427），历时 36 年的营建，使瞿昙寺终成气势恢宏、声望远播的青海名刹。寺内现存的五通皇帝御碑就详尽地诉说着这段辉煌往事。宣德二年，明宣宗朱瞻基又将乐都南山七条沟（包括现下营、峰堆、城台、曲坛、亲仁、岗沟、中坝、桃红营八乡）封为寺院领地，数千户农牧民世代为寺院纳粮服役，还从西宁卫调拨 52 名士兵守护洒扫寺宇。直到清初，当地还有“七分佛差，三分县差”之说，即农民纳差十分，寺院拿七分，

瞿昙寺两旁的游廊（程德美摄）

县府拿三分。

瞿昙寺飞来的鸿运，其实是明廷安定塞外的战略措施。从瞿昙寺外残留的城垣可以看出，明朝初年的瞿昙寺绝不仅仅是一座佛教寺院，而是明朝的前沿阵地，是河西边陲重要的战略要地。

然而天下没有不散的宴席，明永乐七年（1409），在青海湟中出生的宗喀巴，在西藏拉萨大昭寺发起祈愿大法会，他被公认为西藏佛教界的领袖，格鲁派遂成为西藏第一大教派，明朝皇帝也多次召请宗喀巴，而后格鲁派在青海得到发扬。在宗喀巴出生之地西宁湟中建造的塔尔寺也应运而盛，而这一切却预示着瞿昙寺日后不幸的命运。

瞿昙寺香火鼎盛了近400年后，遭遇了一次重创。雍正元年（1723），青海最有权势的蒙古贵族罗卜藏丹津发动叛乱，很多藏传佛教寺院都参与了叛乱，然而一年后，叛乱即被川陕总督年羹尧平

瞿昙寺殿和藏式白塔（程德美摄）

息，与罗卜藏丹津有牵连的瞿昙寺寺主阿旺宗泽被捕入狱，在兰州拘禁了 7 年之久，封号被革去，领地也大大削减，瞿昙寺从此一蹶不振，如江河日下。而格鲁派寺院塔尔寺此时也早已取代了瞿昙寺，在藏区享有极高的声望。

一座汉式建筑的藏传佛教寺院

青山依旧在，几度夕阳红。我在青海乐都打铁的那几年，瞿昙寺一直都如废墟般破败不堪，直到 1995 年青海省考古所对它进行了维修复原工作之后，瞿昙寺才重现生机。1996 年我重回青海，又特意去了瞿昙寺，24 年前给我们开门的老汉找不到了，寺里已经有了几个僧人，也有了文物管理员，我在山门外还为文管员马骏和小僧人罗嘎藏拍了照片。小僧人白华丹领我们参观了正在修复的瞿昙寺，我欣喜地看到乐都“小故宫”又回来了。

瞿昙寺之所以被人誉为“小故宫”，是因为它有着明朝汉式的建筑风格，其中不少还是仿照明故宫的建筑形式。全寺共有前、中、后三进院落，寺院 5 座主要殿宇在中轴线上一一纵列，两侧游廊配殿对称环立，整座寺院端正、大气、素雅。

一座藏传佛教寺庙，却有着明代汉式建筑风格，实属罕见。

佛教寺院最早出现于印度，印度佛寺建筑的布局多为在中央设方形佛殿，殿外有僧房围绕。同一建筑主体中，往往按上中下大小不一、形状一致的规律分布。而中国传统建筑和空间布局强调轴线对称，比如明清北京城的建筑布局就是运用中轴线，以强调左右均衡对称的方式布局。受传统建筑模式的影响，汉传佛教寺庙一般也都由一组又一组的庭院式建筑组成，讲究中轴线分明，左右对称。

而藏传佛教寺院则不讲究中轴对称，往往以一个主要建筑为中

瞿昙寺画廊中的壁画（杨泽民摄）

瞿昙寺殿大匾（上方是捐助人姓名）（程德美摄）

心，其他建筑围绕着中心散落分布，由此使得寺院内的道路纵横交错。但是瞿昙寺却是汉传佛教寺院的布局，甚至殿宇的名称都很类似，这个例外与瞿昙寺得到了明朝恩宠有关，于是当我们流连于寺内，处处可见熟悉的建筑形制：中轴线、四合院、左钟右鼓、琉璃砖瓦房顶、飞檐吻兽等等。

青海考古所的张君奇先生是青海古建维修专家，为维修复原瞿昙寺工作了6年。他说，瞿昙寺院内最宏伟的建筑隆国殿及两侧抄手斜廊，就是依照故宫太和殿的前身明代奉天殿为蓝本建成的。而隆国殿前左右对称的大钟楼大鼓楼，则是模仿奉天殿两边的文楼和武楼（清代的体仁阁和弘义阁）建造的。“它们无论从大木结构、斗拱形制，还是细部隔扇‘簇六雪花纹’、枋头‘霸王拳’、屋顶吻兽小跑、平座滴珠板、鼓镜柱础，均与故宫建筑一致无二。”张君奇先生一口气道出了一堆的术语，尽管听得我一头雾水，但却让我对瞿昙寺更加刮目相看。

瞿昙寺“七十二间走水厅”中的壁画，不但表现佛传人物，也涉及民间生活。（新华社提供）

瞿昙寺游廊里的壁画（程德美摄）

面积约为900平方米的隆国殿建成于明宣德二年（1427），是瞿昙寺内最后完成的建筑，也最完整地体现了明代建筑风格。在全殿建筑中，最富有情趣的是抄手斜廊，让你无论是身在斜廊还是身在廊外，都有如身在画中般的感受。抄手斜廊是唐宋时期宫殿寺庙建筑格局的遗规，在唐宋壁画、

瞿昙寺游廊中的木版画（程德美摄）

石刻和文献中常能看到，而唯一仅存的实物则是隆国殿了。建于永乐十八年（1420）的明代奉天殿，其两侧的抄手斜廊，在清康熙三十四年（1695）重建太和殿时，已被拆除代以卡子墙。因此当你看到隆国殿两侧那完整无损的抄手斜廊时，你不能不为它如此的稀贵而肃然起敬。它以烘云托月之势使主体建筑更加巍峨壮丽，呈现出一派皇家殿堂风范。

当然瞿昙寺也有浓厚的地方色彩，瞿昙寺中院建筑宝光殿、瞿昙寺殿、金刚殿、小钟楼小鼓楼及配殿宝塔的大木结构和木装修就是甘青地方手法。院内的四座如意佛塔，也与西藏的第一座寺院桑耶寺相同，是藏式传统形制。600 多年来始终屹立在西北偏僻一隅的瞿昙寺，不仅建筑年代久远而且包罗万象，官式建筑与地方手法交相辉映，它以极高的历史文物价值和建筑艺术价值，被古建筑专家罗哲文先生誉为“国宝中之国宝”。

前有敦煌，后有瞿昙

隆国殿门前的 8 根大柱子还裸露着，红色尽褪，但殿内的金光大菩萨已经焕然一新，身上和手臂上披戴着金色的哈达。菩萨前摆放着一块两米多高的牌匾，牌匾从左至右分别用梵文、汉文和藏文雕刻着金字“皇帝万万岁”。这块牌匾是瞿昙寺的镇寺之宝，牌背后刻有“大明宣德二年二月初九日御用太监孟继……建立”，那是 1427 年，隆国殿竣工的日子，560 多年过去了。在 1996 年那个夏季，我徜徉在瞿昙寺数百年间的历史风云里。

除建筑以外，瞿昙寺还有被称为艺术三绝的壁画、彩画和石雕。

瞿昙寺的壁画总面积为 1523 平方米，仅其数量就十分惊人，其中明代早期壁画占 79%，余为清代壁画。其中隆国殿内墙壁画级别最高，其内容分为三世佛和密宗欢喜佛，画面巨大，高达 5.5 米，而且全部是沥粉贴金，绘制精美，色彩艳丽，据张君奇先生估计，这些壁画为藏传佛教绘画高手之笔。

在隆国殿两侧的长廊即民间所谓的“七十二间走水厅”中，有壁画 28 间、38 面，面积约 400 平方米。南廊中的明代壁画别具风采，与许多寺院壁画相同，从左至右，上面描绘的是佛祖释迦牟尼自降生到涅槃的全部经历。按专家评价，其人物造型准确，形象优美，线条流畅而柔中含刚，是地道的钉头鼠尾铁线描。仔细观赏，会发现其中人物所持的器皿，如玉碗、熏炉、提壶、兵器均为宫廷所用，仅宫廷团扇就有 9 种之多，其上人物的服饰都为宋代中原人士打扮或宫廷装束。由此分析，这些壁画应出自宫廷画工之手。

北廊中的清代壁画，原先也为明代壁画，后因破败、损毁，在清代被铲掉由民间画工重画，因此这部分的壁画色彩艳丽，却景物拥挤，线条琐碎。画工是甘肃凉州平番县（今甘肃永登县）孙克恭、徐润文及门徒何济汉等人，为什么这些壁画能准确地道出画工姓名呢，因为在画壁画中的屏风时，孙克恭他们利用屏风都有落款的特点，巧妙地将自己的名字题了上去：平番县画像弟子孙克恭、许润文沐手敬绘。

据地方志记载，画完壁画后，孙克恭的徒弟们即返回故乡，而孙本人却留在寺院直至终老。还有一些壁画，比如小鼓楼北三间殿内墙的壁画，也是佛教题材，但画中人物服饰却是蒙古人打扮，画风迥异。历史上瞿昙寺与蒙古宗教上层来往密切，此壁画也有可能出自蒙古佛传画师之手。

提起壁画，人们总会想到敦煌壁画，张大千先生曾说“敦煌壁画是集东方中古美术之大成，敦煌壁画代表了北魏至元一千年来我们中国美术的发展史。换言之也可以说是佛教文明的最高峰”，但是敦煌壁画的年代止于元，元以后的明清壁画，对于西北地区来说，无论从规模还是艺术的水准而言，瞿昙寺壁画都堪称其首，其珍贵程度乃国宝级。所以有学者说瞿昙寺壁画使中国西部壁画艺术有了一个比较完整的时代阶梯，可谓“前有敦煌，后有瞿昙”。

只有皇家才使用的花斑石石雕

2006 年又是一个 10 年过去，这次我是自己驾车去西藏，途经乐都时再次造访了瞿昙寺。我带来了 1996 年为文管员马骏拍的照片，在村里打听了许久，结果迎来的却是马骏的儿子，马骏早就去世了，小马成了瞿昙寺的文物管理员。而照片上的小僧人罗嘎藏，也早已经还俗回家了……我忽略了年代的更迭，到底是 10 年过去了。

小马领我再游瞿昙，走进山门，只见草地中左右两座 5 米多高

瞿昙寺佛塔（程德美摄）

的御碑亭在低垂的侧光下格外鲜艳。左碑是明洪熙皇帝在 1425 年题写的，右碑是明宣德皇帝在 1427 年题写的。碑上的楷书书法惊人地端正，碑后的藏文更是秀美。

过金刚殿，绕过装饰一新的如意宝塔，见瞿昙殿深檐中的“瞿昙寺”三个大字，雄浑厚重，重现金光。登上瞿昙寺最高处的隆国殿石阶，走上殿前的巨石平台，站在高大的旃檀树下，扶着雕云刻莲的红砂石栏杆，凭眼四望，层层殿宇楼台尽在眼前，远山如凤，起伏婉转，近前风铃叮当，清脆悦耳，屋顶吻兽，神采飞扬。

隆国殿的四扇大门敞开着，当中的金刚佛像和座前的万岁牌披满了哈达，香烟缭绕。我一眼就看到了那尊久违的小象，鼓早就修复了，静静地竖立在大殿中。望着小象熟悉的眼睛，我突然觉得，

菩萨塑像（程德美摄）

瞿昙寺石雕《喜鹊报春》（程德美摄）

瞿昙寺石刻（程德美摄）

这尊由红砂石精雕细刻而成的象背云鼓似乎与马踏飞燕同工异曲，只不过马踏飞燕多了许多东汉的浪漫，而象背云鼓多了些大明的雄浑，就像明太祖朱元璋题写的寺名“瞿昙寺”三个字一样。

瞿昙寺里可以与壁画媲美的就是石雕了。如宝光殿佛台莲花座、隆国殿佛台莲花座，还有六伏狮曼陀罗 、鼎座、磬座、灯座、御碑须弥座等等，它们或是用花斑石雕的或采用当地出的红砂岩。花斑石又称纹石，出自河南浚县和江苏徐州，这种天然石料的质地坚韧，图案丰富，色泽鲜艳。红、紫、绿、黄，五颜六色，有很强的装饰效果。石质呈淡紫色的又称豆瓣石，上面均匀分布着浅黄色花斑，磨光后石面莹润细腻，色彩斑斓。花斑石极其珍贵，向来为皇家所用。明定陵地宫后殿、永陵的宝城都使用了花斑石。故宫坤宁宫、清西陵也用此石制砖墁地。瞿昙寺花斑石须弥座集中在宝光殿内，每件上部都刻有“明永乐年施”汉文及藏文、梵文对照铭文，张君奇先生说，它们都是明皇室布施给寺院的供品，其雕刻精细，磨制光洁。每件石雕是分层拼对的，应该是在河南官方采石场雕好后千里迢迢运至瞿昙寺的。

大量使用石材，关键在于长途运输，明清两朝建设都城北京的石材木料，有些要从河南或江苏运来，有大运河可依托还算便利，但将大量石料运往青海，那就是极其艰难的事情了。由此也可见瞿昙寺的尊贵地位。

每访一次瞿昙寺，都有新的发现，都会加深对它的认识。太阳西落罗汉山，山门的影子已经延伸到了经幡杆下，我赶忙为小马小两口拍了一张照片，他们默默地望着我。“我还会再来的！”我说。一阵朗朗的诵经声从寺门涌出，滚过我的心田，又回荡在被夕阳映红的青山、河谷中。

原载《中国西藏》2007 年第 3 期

藏传佛教的乐谱文化

扎西达杰

音乐文化是藏传佛教文化中颇具特色、光彩耀目的一章。

人类自创造音乐以来的一个很长时期内，心记口授就是它的唯一传承方式。乐谱的产生，标志着音乐发展的一种质的飞跃和重大的文明进程，它能够突破空间和时间的限制，把人类的精神财富传播到远方和后代，它在音乐史上的地位相当于文字的发明在人类历史上的意义。藏传佛教音乐就是一个拥有古老记谱历史的音乐。

藏传佛教那神秘、奇异、华丽的乐谱，越来越为世人所注目，但由于它的深奥和玄妙，涉研这个领域的人为数不多。根据笔者的初步考察，发现藏传佛教乐谱以曲线谱为主，兼有色彩谱、图形谱、方位谱、文述谱、指法谱、混合谱、准总谱、节目谱以及个别寺院的藏传工尺谱等，形成了多元、复杂的记谱体系。记谱对象主要为经文的咏诵调，各类无音高打击乐器音乐，各类无音高法号的音乐，以及极少情况中的旋律乐器的曲调等。通过研究我们体察到：

觉囊梵音古乐孤本曲谱，保存在藏哇寺。

藏传佛教是个艺术色彩很浓、音乐性极强的宗教，可以说它的佛事活动的各个领域、各个过程都充满着音乐。音乐是佛教内容的基本载体和重要表现形式，是藏传佛教文化的一个重要组成部分。而乐谱现象在藏传佛教音乐文化中占有极显要的地位，从某个方面讲，它所体现的是这种音乐的最高成就。

在世界诸类重要谱式中，藏传佛教乐谱的历史仅晚于大约产生在公元前 6 世纪左右的古希腊字母谱。在许多传统谱式均已销声匿迹的今天，藏传佛教乐谱是正在实行中的最古老的乐谱。因此，它的古文化信息价值和现实使用价值不言而喻。

从古希腊字母谱到汉族的指法谱、工尺谱；西洋的线谱、简谱以及新近发明的六线谱等这些或已经消亡，或正在实行的谱式，都

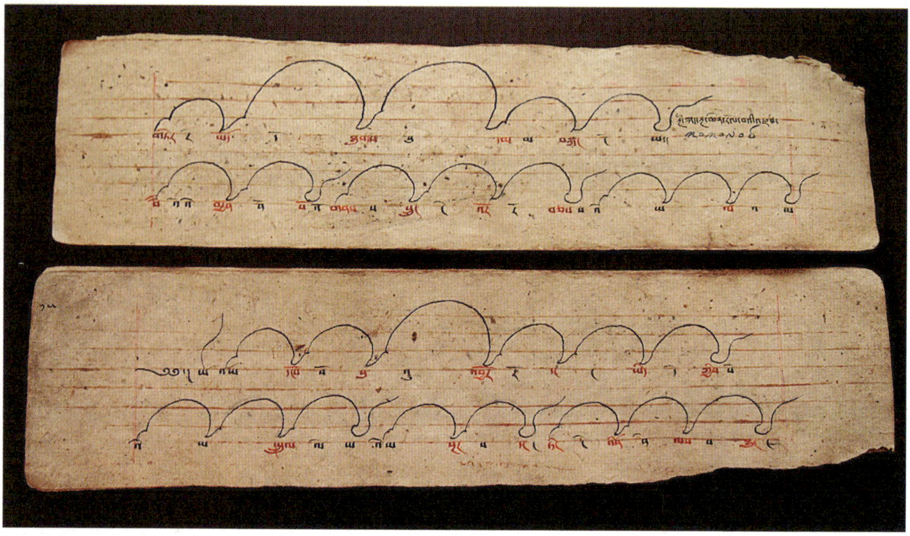

觉囊梵音古乐孤本曲谱，保存在藏哇寺。

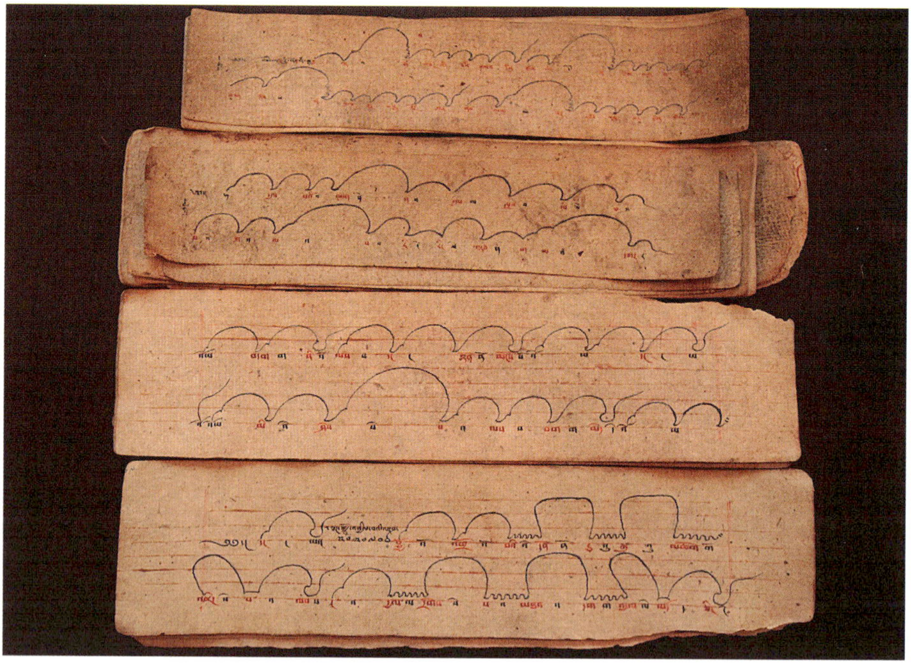

觉囊梵音古乐孤本曲谱，保存在藏哇寺。

是用来记录以音阶式体现音的高低的旋律曲调，藏传佛教根据自己的文化需要，掌握了用曲线的方式记录以滑移式体现音势、音法的人声咏诵调，填补了记谱史上的一项空白。

咏诵介于歌唱与语言之间，虽然缺乏旋律性，但很具艺术性、音乐性。藏传佛教非常看重此种艺术效果，在诵经的长咏—短咏—唱诵—念诵的艺术系统中，把咏诵调视为最高的艺术。曲线谱通过这种音响的文字化处理，促成了此种中介或半成音的更加理性化和系统化。以各种有机的、创造性的组合，使其不断完备成套，更具规律性、变化性、艺术性和永久性，从而形成了藏传佛教咏诵调作曲体系，这是作曲、音乐史上的一大创举。

藏传佛教以自己的文化背景为依托，由自己的文化观念和音乐意识所支配，出于自己的文化目的、文化表现的需求，而形成了特定的、无可替代的记谱文化。这个记谱体系有着象形而生，手法繁复，符号零散，图形纷杂，时值、速度、音高不强调精确等特点。这与谱文抽象、符号简练、记谱精确的五线谱、简谱形成对比。同时与西方现代音乐记谱法中的非确定量因素、图形记谱法、行动提示记谱法、近似值记谱法等颇近似，相映成趣。

藏传佛教记谱体系调动了各种记录手段，以不乏特色，并有好多独到之处的多样的谱式、谱法，丰富、充实了世界记谱文化，为人类文明作出了自己的贡献。

至今不解其理的汉族宋代道教曲线谱，从线形到辅助符号都与藏传佛教曲线谱相像，能否通过后者解释前者？像藏传佛教吸收了汉族工尺谱那样是否有道教吸收了藏传佛教曲线谱或其原理的可能？或是两者同出一源？

当然，藏传佛教乐谱还可以发展，同时也可以以世界其他谱式之长来充实自己，使其更趋完善、科学。

鉴于藏传佛教乐谱的高度文化价值，现在该是揭开其神奇面纱，对它进行全面考察和深入研讨的时候了。

原载《中国西藏》1993 年秋季号

藏传佛教密宗金刚神舞
——兼谈萨迦夏季神舞

边多

跳神面具

密宗金刚神舞，是藏传佛教所独有的一种属于密宗方面的舞蹈艺术。在长期历史过程中，随着藏传佛教的弘扬和发展，这种宗教舞蹈艺术也得到了相应的丰富和完善。逐渐成为一种具有独特面具、独特服饰、独特乐曲、独特舞蹈程式的宗教艺术。它既有强烈的表演性和观赏性，又有深刻而丰富的藏传佛教密法内容，因此西藏各个寺院僧人表演金刚神

戴着护法神面具的萨迦寺法会一角（普布次仁摄）

舞的日子，又往往成为当地盛大的宗教节日。佛教信民们不光是看表演，更有朝拜神佛使之获得加持的意思。

纵观西藏各个佛教教派所表演的密宗金刚舞的基本情况，一般寺院每年只举行两次，分别称为“雅羌姆”和“贡羌姆”。藏语“雅羌姆”意思为夏季神舞，“贡羌姆”为冬季神舞。夏季神舞一般根据各寺院的历史和传统形成，因而更具有本教派和本寺院的特点。冬季神舞，在西藏各地的佛教寺院每年同时在藏历年终的十二月二十九日这一天举行，和民间古老传统习俗的驱鬼活动相结合。并且西藏大多数寺院的这种活动比夏季表演规模更大更隆重。

萨迦雅羌姆是属于夏季表演的一种金刚神舞，它与西藏其他地方如山南桑耶寺的“夺底曲巴”即藏经供养、拉萨蔡公堂寺的“美朵曲巴”即鲜花供养、藏北热振寺的“苦优贡巴”即杜鹃供养、扎

萨迦寺神舞（王守明摄）

什伦布寺的“西莫钦波”即特大表演等等，都属于夏季的表演活动。

藏传佛教密宗神舞，具有十分悠久的历史。根据西藏各地寺院不同教派所表演的这种舞蹈的基本历史情况看，自莲花生大师在公元 775—787 年在桑耶寺创立密宗金刚神舞以来，以两种形式流传于雪域各地寺院。一是按照原初的基本形式和内容，通过一代一代的传承直至今天，并在原来的基础上得到了不同程度的发展和提高。二是按照后来被挖掘出来的伏藏“羌姆依”即表演谱上的记载排演而成的。比如拉萨堆龙楚布寺所表演的密宗金刚神舞就是如此。该寺“羌姆依”经书上称它是“按照谷如却旺挖掘出的伏藏密宗金刚舞谱排演而成的”。据查谷如却旺生于 1212 年，1273 年去世。他是藏传佛教宁玛派的著名秘籍伏藏法师。关于莲花生大师创立的密宗金刚神舞表演问题，西藏各地寺院众多的密宗僧人都认为，是莲花

萨迦寺南寺全景（噶哇扎西摄）

萨迦寺冬季法会壮观场景（普布次仁摄）

生在桑耶寺时期创立的，但直至今日未曾看到有关这一情况的记载。根据我对此问题的研究，也认为这一看法或观点是正确的，是基本符合历史情况的，以下几方面的材料可以说明这一问题。在桑耶寺经藏供养的密宗金刚神舞的舞谱前言中说：“本寺每年所举行的‘夺底曲巴’是由藏王牟尼赞普为弘扬佛教、供养护法、镇压一切仇视佛教事业的妖魔而亲自创立的。”另外在1985年由民族出版社出版的《藏汉大辞典》第1384

页中也写到，“夺底曲巴”即藏经供养是“吐蕃王牟尼赞普在桑耶寺创立的大供之一”。牟尼赞普生于公元 762 年，逝于公元 786 年，是第 39 位吐蕃赞普，藏王赤松德赞的王子。桑耶寺就是赤松德赞亲自修建，并为了弘扬佛法从印度请来了莲花生大师。牟尼赞普为了继承父业，弘扬佛法，继承莲花生大师所创立的密宗金刚神舞，使它能够世代相传，就用每年夏季举行一次大供的形式把它固定下来。根据我对以上的理解和分析，认为藏传佛教密宗金刚神舞，是由莲花生大师创立的这种说法比较准确或者说是有根据的。

据传萨迦雅羌姆就是从桑耶寺传来的。记载说，它们是在萨迦教派形成之前就已流传到了萨迦。如 1986 年民族出版社出版的藏文版《萨迦世系谱》第 18 页中说：当“款·衮却杰布对新密宗具有浓厚信念之时，到龙珠地方去观看表演”。他认为“在众多的节目中最为显著的是由 28 位咒师面戴自在天母面具，手持各种法器的节目和散发邬摩天女的表演”。款·衮却杰布生于 1034 年，逝于 1102 年，他是萨迦教派的创始人、宋代西藏大佛学家。上述两种节目，现在还是萨迦密宗金刚神舞中最精彩的节目之一。

无论是何种佛教教派，所有密宗金刚舞的基本内容都是相同的。莲花生大师当时创立密宗金刚舞是以消灭当时佛教的最大敌人——“黑魔如扎”为主要内容的，他利用和吸收西藏民间各种原始兽类动物的舞蹈，结合佛教密宗的法力，塑造各种护法神或本尊眷众的艺术形象，通过聚集众多密宗咒师，用较长的时间日夜不停地念诵咒经，使本尊和护法众神去消灭佛教的敌人。神舞即由众咒师扮演各种护法和本尊神，表现他们无比英勇地消灭敌人的情形。直至今日，佛教密宗金刚神舞这一传统内容没有作任何改变。“黑魔如扎”虽早已被消灭，但现代佛教密宗修行者对此解释说，“黑魔如扎”似的魔鬼还会出现，为了保护佛教事业的兴旺和百姓的安居乐业，我们需要按照传统年年举行这样的活动。由于这个原因，藏传佛教各教派举行这种活动的时候，都在表演场地的中心，摆放着一个用糌粑做的或用布画的“黑魔如扎”的“棱嘎”，即伏魔形象，然后由各护法神或本尊眷众出场处死黑魔。这就是藏传佛教密宗金刚神舞表演的基本内容。

藏传佛教各教派所表演的密宗金刚神舞的艺术形式和风格也存在着一些不同的情况。其一，使用乐队伴奏有两种不同，一种只用鼓钹伴奏，藏语称它为“阿羌姆”；一种是用铜管乐队伴奏，藏语称“铜羌姆”。其二，由于各教派和寺院之间护法神和本尊不同。因而塑造这些神灵的形象、法器和表演也不同。其三，由于各宗教寺院的历史、教派、经济基础和它们各自所处的地区不同等原因，各寺院表演时的服饰、道具、舞蹈步伐、造型风格、节奏的快慢等方面都有不同。萨迦雅羌姆在这方面有与众不同的突出特点。

萨迦寺夏季神舞在每年藏历七月进行，八日至九日预演，不穿服装不戴面具，然后进行诵经祈祷活动。在萨迦经常用五色粉来绘制多吉普巴（金刚橛）坛城，全体僧众聚集经堂诵经祈祷，坛城四周各有一位高僧，他们是主要的诵经者。十七日到十八日正式表演多吉普巴神舞。这种古老的神舞表演时，大多数舞者都戴着灵兽面具使人感到新鲜而奇特。神舞主神为多吉雄罗，主神妃柯坚德丹，还有 10 大部将都戴狗头面具，20 位部众分别戴狮、虎、牦牛、狼、鹰、猪、蝎、鹿、豹、蝙蝠、鼬、鼠面具，四大门神戴着乌鸦、猫头鹰、戴胜鸟、鹞子面具，然后一一出场表演，这种宗教舞蹈别处十分罕见。在内容上，萨迦雅羌姆也是采取了一种与众不同的方法，他们把反映这一传统的主要内容，使用一种简单明了的故事情节，

着色彩绘过程（普布次仁摄）

萨迦寺经书墙（噶哇扎西摄）

淋漓尽致地表演出来，使人看了一目了然。当威严无比的护法神们把“黑魔如扎”打得遍体伤痕而走投无路时，魔鬼使魔法将自己变成一个受伤的小男孩，一个好心人看见后出于同情或可怜，将小男孩收养起来。这事又被尸林之神发现了，他们夺走了魔鬼并将他处死，并由戴各种兽类面具的护法神眷众吞吃，十分形象地反映了藏传佛教密宗神舞灭杀魔鬼的基本内容。正因为如此，萨迦雅羌姆具有了自己独树一帜、别具一格的风格和特色。

原载《中国西藏》1996 年第 1 期

藏文书法的起源和流派

达瓦次仁

藏文书法有着悠久的历史。早在 3000 多年前，藏族社会已有了文字，最早的藏文叫达斯奔益。在它的基础上雍仲苯教的创始人丹巴辛绕时期出现了大玛尔文和小玛尔文，还产生了天成文和斯益文（见图一）。那时已有了书法艺术，并产生了艺术流派。

公元 7 世纪中叶，吐蕃英主松赞干布的名臣吞弥·桑布扎以玛尔文为蓝本，并参照古印度的古巴达文创制现行的藏文，并确定了乌金（楷书体）和乌梅（行书体）两大书体。

在吐蕃王朝时期，先后产生了八大乌金体。吞弥·桑布扎创制的乌金体叫蟾蜍体，其后陆续出现了列砖体、串珠体、稞体、腾狮体、雄鸡体、鱼跃体和蜣螂体等。乌梅体则产生了丹体和黎体两大流派。此外，在吐蕃第三十五代赞普赤德松赞时期出现了独特的密文体、伏藏体、幻妙体等专门用于书写密宗内容或用于伏藏的书体。字体多达 40 余种。赤德松赞时期的高僧努·桑杰益西也独创了一种

据传吞弥·桑布扎创制藏文时所住城堡帕邦卡（噶哇扎西摄）

新书体。

大约在前弘期和后弘期之间，大书法家琼布玉迟参照绘制坛城的坐标原理规定了乌金体每个笔画的位置、走向及长度，并一一定名，从而实现了乌金体的规范统一。至今虽然乌金体书写流派有好几派，然而其大的格局上相去不远。

前弘期至后弘期之间约 100 年，其间出现了帕萨体。

后弘期以来，藏文书法艺术得到了很大发展。随着弘法，大量的编译、誊录经卷客观上促进了藏文书法艺术、制墨工艺和造纸技术的提高。每有大部头经卷的誊抄工程，便会邀请当时的那些书法高手共同誊录。比如，12 世纪中叶，大译师仁青桑布在组织修订并补译佛经时，邀请了全西藏最著名的书法家们，用蓝靛纸和复合纸

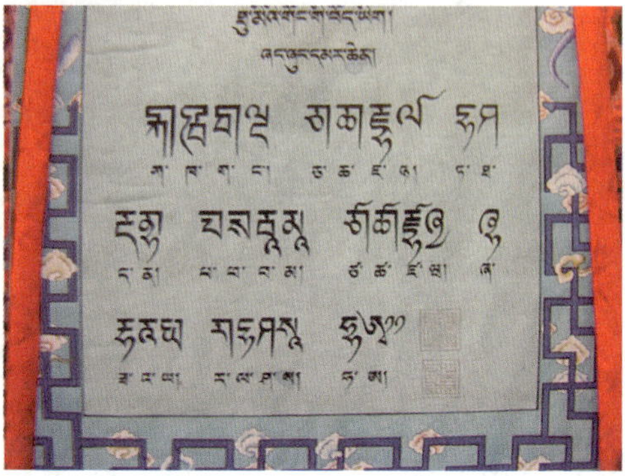

玛尔钦

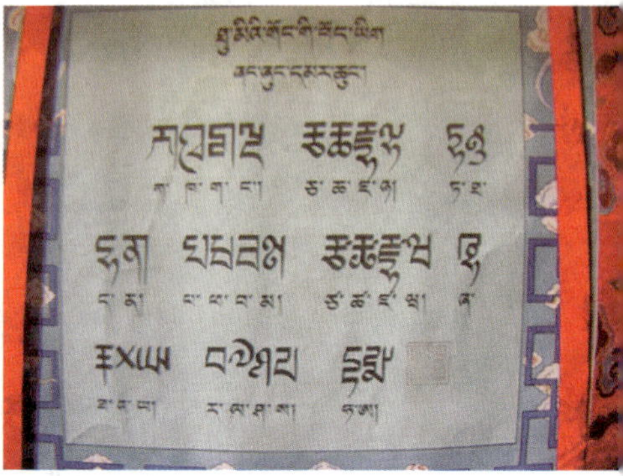

玛尔琼

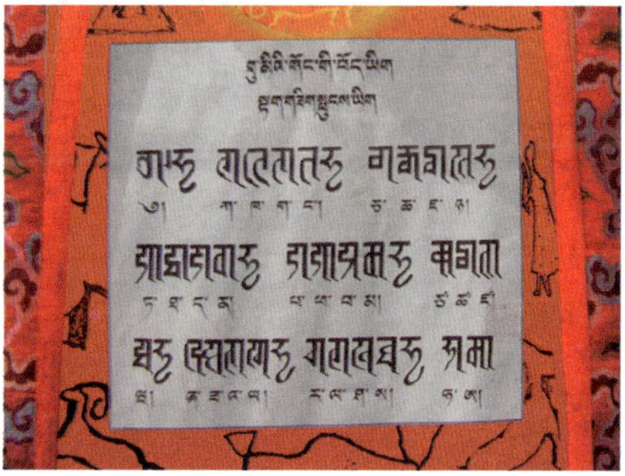

达斯文

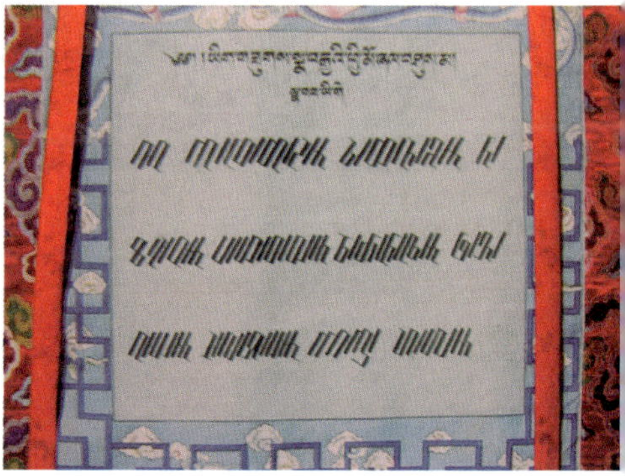

天降文

天珠文

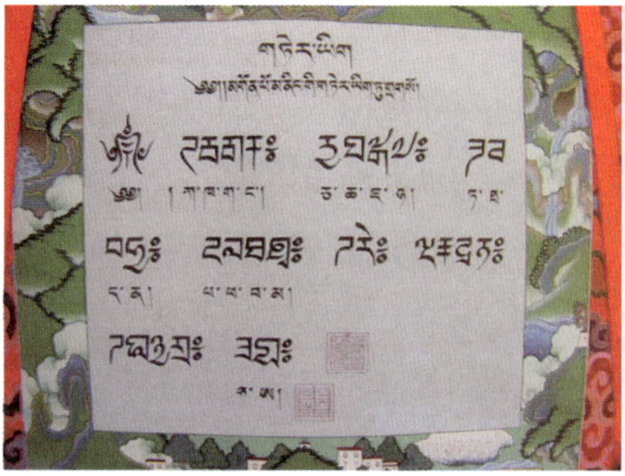

伏藏字

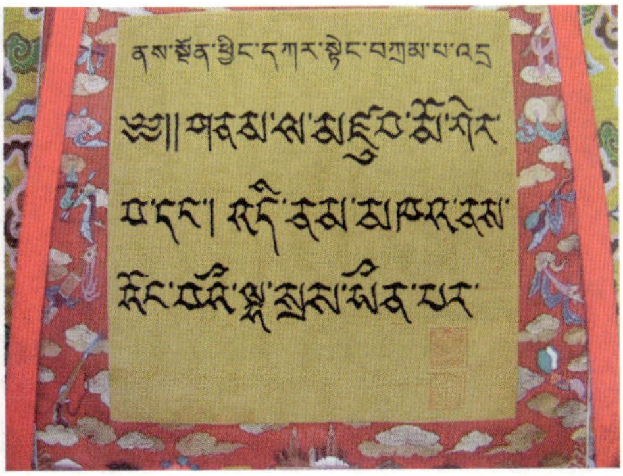

稞体

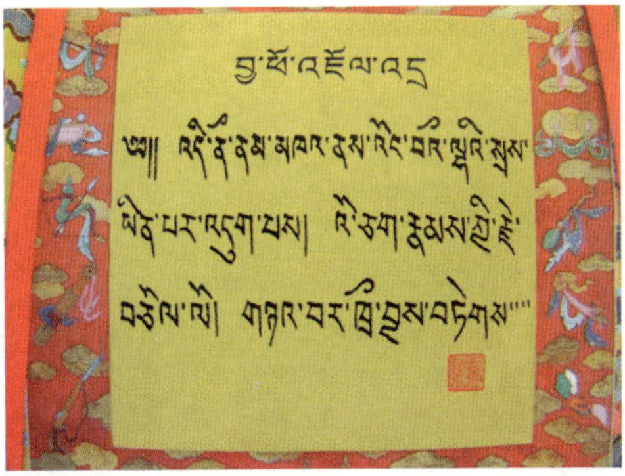

雄鸡体

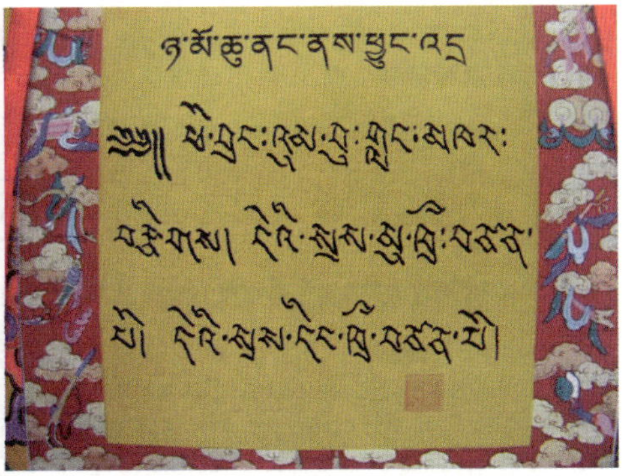

鱼跃体

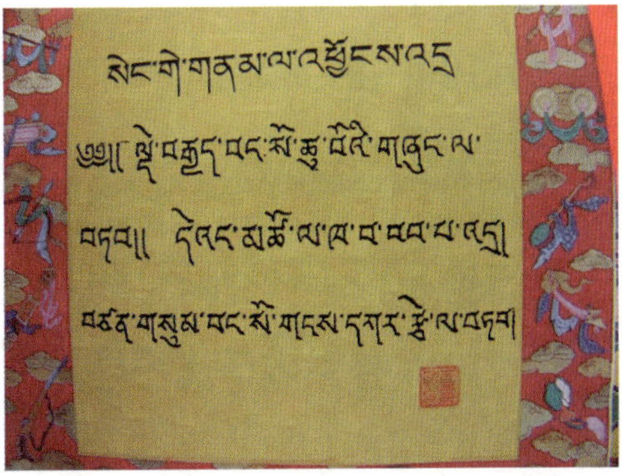

雄狮体

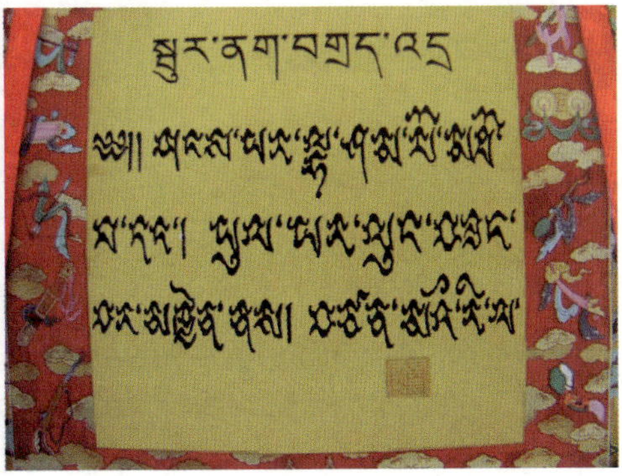

螳螂体

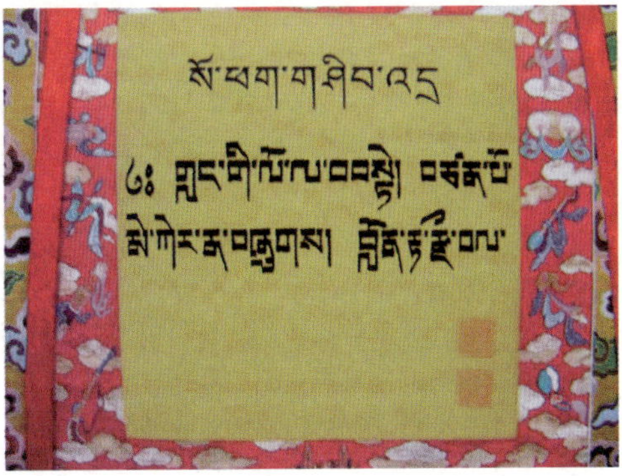

列砖体

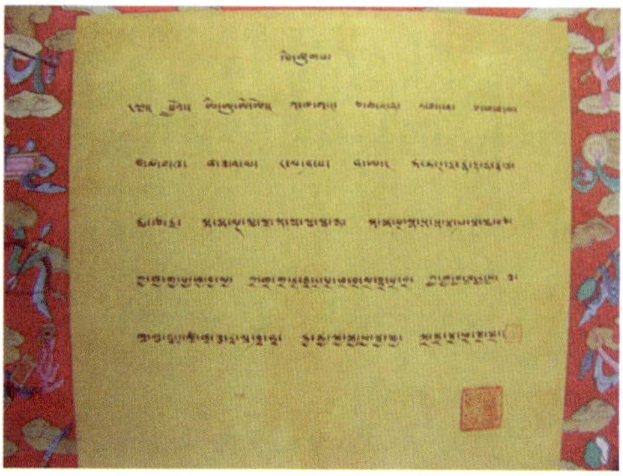

白徂体

徂同体

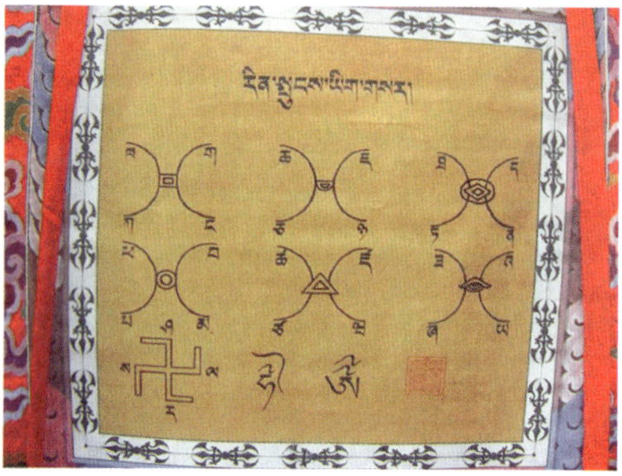

仁布体

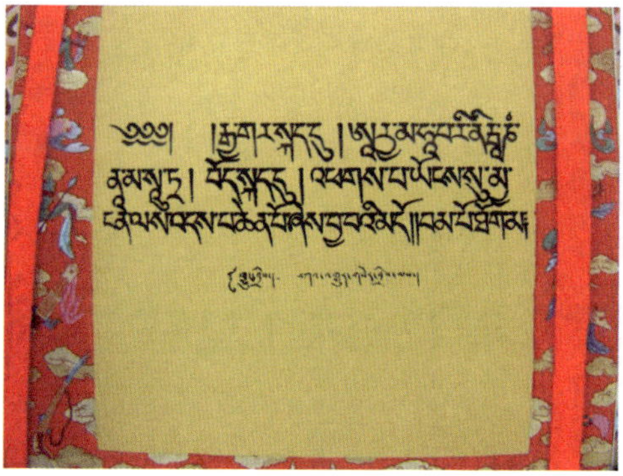

琼体

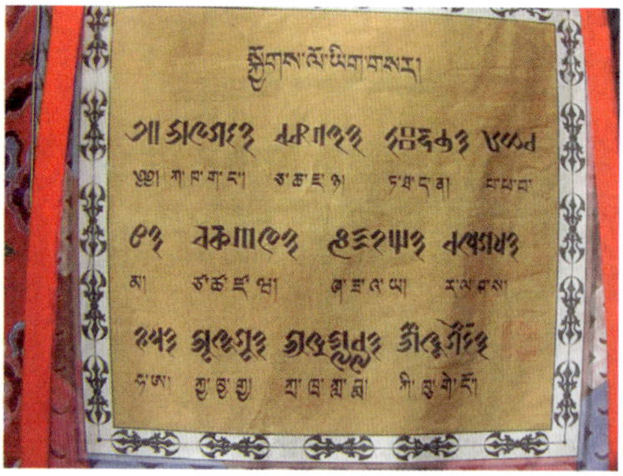

觉罗新体

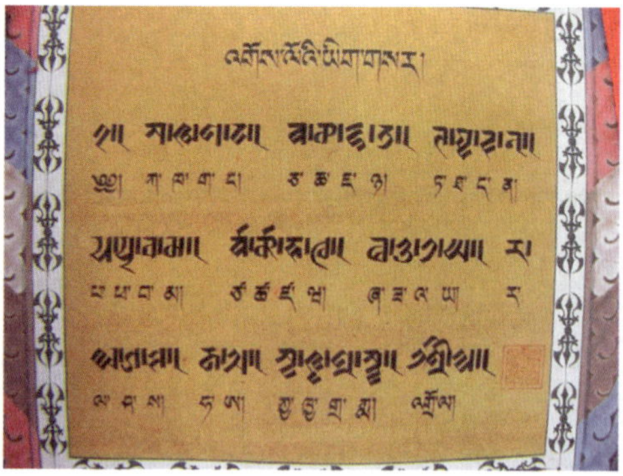

贵罗新体

酋体

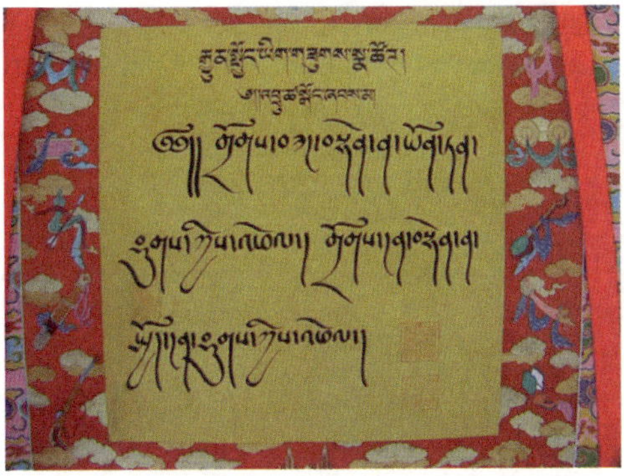

弯腿朱匝体

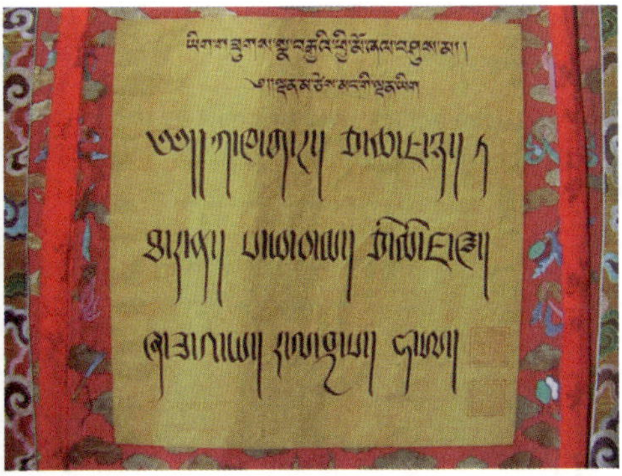

丹体

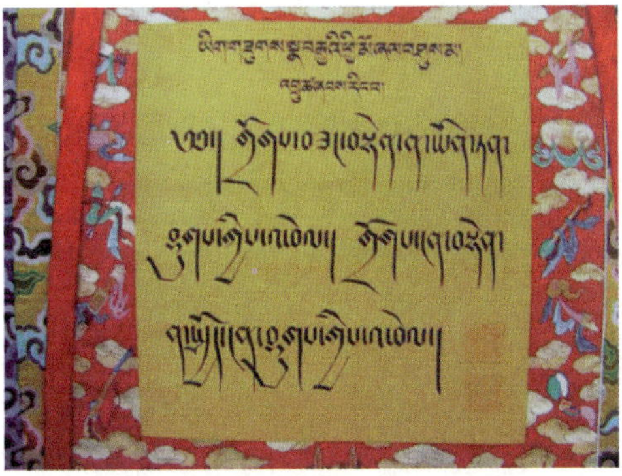

长腿朱匝体

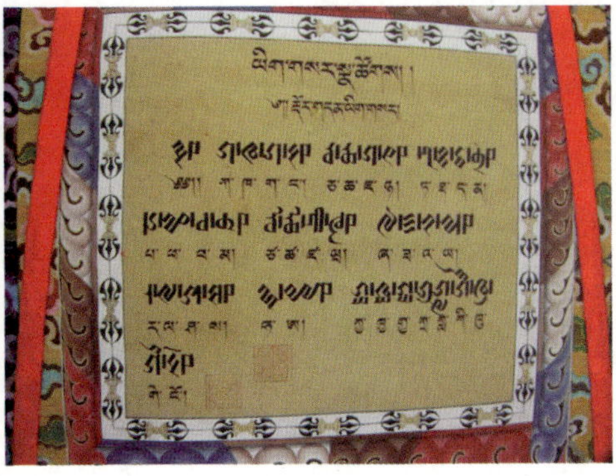

多旦体

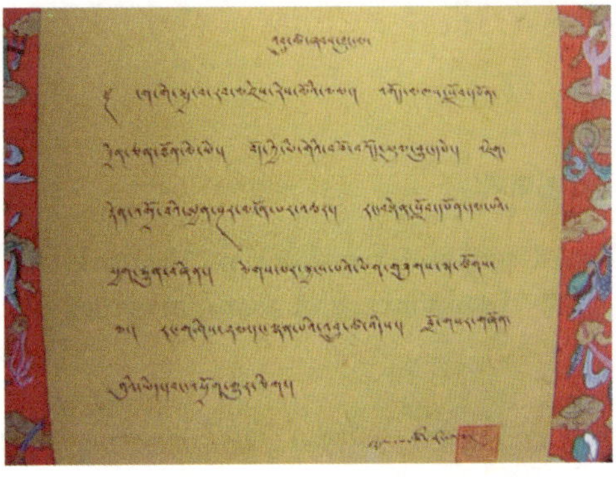

短腿朱匝体

吞弥·桑布扎亲笔书写的乌梅体

八思巴体（此组书法图均由吉米平阶摄）

抄写了几十部经文，并要求卷与卷、部与部书体一致。13 世纪，萨迦班智达和八思巴修成萨迦南寺。寺内大殿西墙内修起了经书墙，动员全藏区的书法家、誊录师来抄写佛经，“砌”成了由 8 万多部经书组成的经书墙。

上述这类誊录活动推动了书法艺术的普及和提高。白徂体是专门用于书写经卷的乌梅体，也是这个时期产生的新书体。白徂体又分有斜挑、无斜挑和朱徂体。

正如前述，乌金体中琼体、尼体和康区体的相继出现，也是刻板经书的需要。特别是琼体又成为金写佛经，尤其是《甘珠尔》《十万颂》《丹珠尔》的最主要、最庄重的书体，书艺达到了最精美的程度。

萨迦王朝时期产生了弯腿朱匝体。不仅萨迦法王发布的政令是用这种书体书写，甚至碑刻文也用这种书体。噶丹颇章时期，政令则采用长腿朱匝体书写。到了 19 世纪末和 20 世纪初，娟秀的短腿朱匝体成为西藏地方政府政令书体。

徂同体、徂仁体、徂玛酋、酋体、酋钦体等是后弘期出现的书

吞弥·桑布扎书写的"六字真言"（噶哇扎西摄）

体。徂同体、酋体等又分雄体、拉体和尼体以及伊体等。

书写迅疾、形体优美流畅的酋体和酋钦体（大草）是后弘期，特别是 19 世纪和 20 世纪书法艺术的一大成果。酋体和酋钦已成为最实用、书写最快的书体被广泛地运用。

后弘期书法艺术繁荣的一个显著例证是多种书家体的出现。觉罗体、恰罗体、贵罗体、多丹体、央丹体、仁布体、美妙体、八思巴体等等，都是后弘期以来的历代大译师、学者或书法家创新的藏文新书体。

从藏文产生以来至今，先后共出现了上面书体。其中常见的有乌金、徂仁、徂同、朱匝、白徂和酋体等，特别是酋体运用最广。

藏族历来十分重视书法艺术，重视书法练习。孩童入学之初的头几年，主要是学习书法，打好书法功底。习字之初从徂仁体开始。

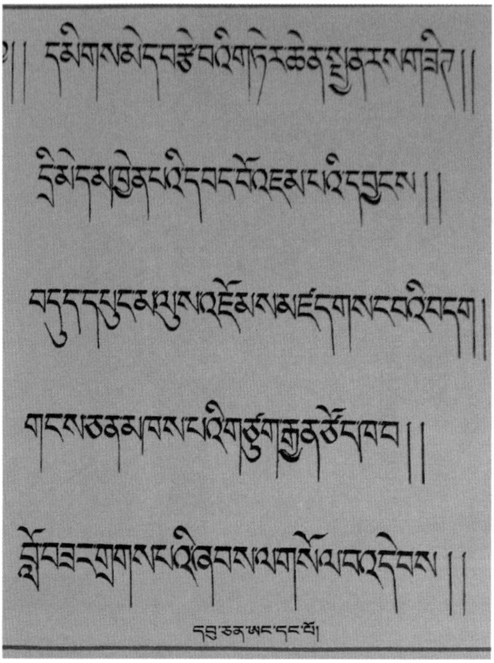

全国藏文书法大赛中的获奖作品（噶哇扎西摄）

并且在西藏地区一般是用习字板练习。待习字板上达到一定书写功底后方准其在纸上习字。一般有书法功底的人能书写六七种书体，其目的在于能够视情而书写不同书体。字体或书法作为文人的脸面，人们很重视。旧时文人致书他人，多含显示自己的书法功底之意。

按照传统的学科分类法，书法属于大五明的工巧明，一个小分支。工巧明是一个非常庞大的学科，几乎统括了自然科学的一切领域。当然，医学、历算不包括在其中。纸张的制造，各种墨汁的研磨调制也包括在工巧明中。因此，以精通大小共十明为治学最高目标的藏族学者，自然把书法作为学识功底加以研习并在各自的论著中加以阐述或作专著加以论述，其中必涉及造纸工艺。

造纸业几乎遍及藏区各地。造纸的原料多为狼毒草根。

纸张则以产地命名，如更肖、塔肖、定肖、尼肖等等。

传统的墨汁是用松枝燃烧的烟尘调制而成的。至于八宝墨则是研磨金、银、铜、珍珠、珊瑚、白海螺等而合成的。八宝墨专门用于书写经书、重要公文等。

藏文是用硬笔书写的。书写的笔大多是用竹子做成的。竹笔分圆竹笔和三棱笔。圆竹笔用于书写大字，而三棱笔则用于书写小字，当然，也有铁制的笔。

笔尖分左斜、右斜和平口三种。左斜用干书写乌金体，右斜用于书写乌梅体，平口用于书写朱匝体。

藏文书法历史沉积深厚。有关书法的论著，书经笔论，代代有著。

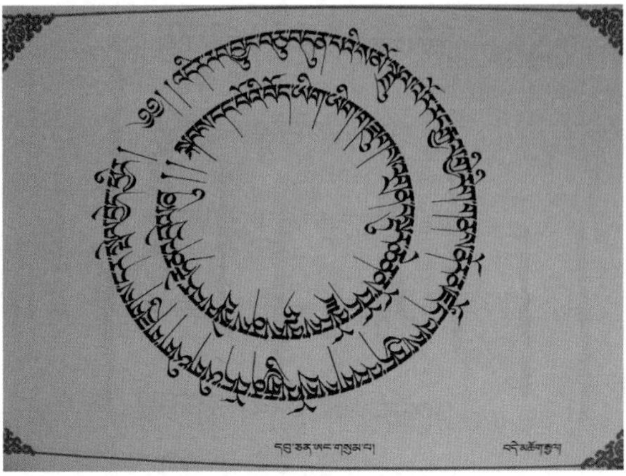

全国藏文书法大赛中的获奖作品（噶哇扎西摄）

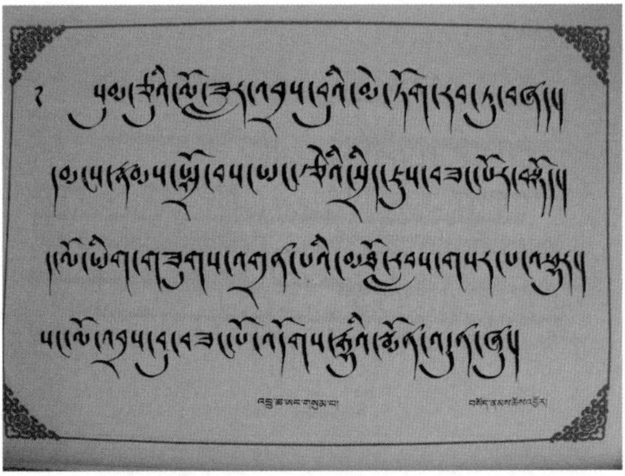

全国藏文书法大赛中的获奖作品（噶哇扎西摄）

藏文书法早已成为祖国艺术宝库中的瑰丽珍品。西藏和平解放以来，特别是自治区成立以来，包括藏文书法艺术在内的藏族文化得到了全面的继承和弘扬。随着藏语文的普遍学习和使用，藏文书法普及到了广大农牧区乃至偏远的村落，涌现出的书法新秀比任何一个历史时期都多得多。20 世纪 80 年代成立了西藏书法家协会，其会员遍布全区各条战线。十多年来，举办了多期全区性和全国性的书法展览。在藏文书法历史和艺术研究方面取得了可喜成就，编写出了《藏文及藏文书法宝典》一书，全面系统地阐述了藏文起源、藏文书法的演变历史等。

1995 年 10 月，西藏的藏文书法展在北京民族文化宫展出，此次在北京展出的藏文书法作品约有 150 件，书体各类多达 30 余种。其中不仅有徂仁、酋体、朱匝、乌金等常用书体的书法作品，而且还有许多书体的作品；不仅有现行藏文的各种书体作品，而且还有古老藏文玛尔藏文、达斯奔益、斯益文等的临摹作品。这些古老藏文书体是首次向观众展示。多彩纷呈的藏文书法、独具民族特色的装裱形式等给首都观众留下了深刻的印象。此次参展的还有西藏的汉文书法精品。藏汉文书法同厅展出，显示了藏汉民族千年友好的深情。

原载《中国西藏》1996 年第 1 期

敦煌宝窟中的藏族壁画艺术

尼玛次仁

1941 年夏吾才让随张大千在敦煌临摹壁画时的合影

莫高窟的诱惑

接受了东方图书科学技术研究所的藏戏壁画研究课题。藏族画家仁真郎加、陈秉玺、翔秋志玛和我踏上了开往大西北的火车。夜幕中，车窗外的灯火像闪电一样晃过。敦煌艺术迷离般的神话，似乎像一条缀珠联璧、光彩斑斓的彩带在星空中闪烁，使人充满遐想。

近年来甘孜藏画群体，为了在绘画新潮迭起、百家纷争的潮流中，寻找民族艺术之灵，

敦煌莫高窟 112 窟中的壁画《观无量寿经变》

弘扬藏族传统文化，曾沿着雅鲁藏布江考察藏族祖先繁衍之地；在雍布拉康、在桑鸢寺、在藏王墓寻找藏族最古老的艺术足迹。在无数个日夜中，顶着布达拉宫的骄阳，迎着日喀则的风沙，冒着塔尔寺的秋雨，他们在“世界屋脊”上追索。从宏伟的古刹寺院到积雪不化的雪峰，从野牛角的图腾到千年风化的石雕、嘛呢堆中探索着藏族人世代递嬗的行踪，风情变迁的轨迹。在众多的雪域佛教寺院里，我们看到了一个辉煌宏丽的世界，进入了一个多彩神奇、充满浪漫色调的艺术境界。在香烟缭绕、光线幽暗的佛殿中，那铺天盖地、充满神秘色彩的壁画，让人敬畏，使人慑服。这些藏族古代壁画的某些艺术风格与中国艺术宝库——敦煌壁画，有着深长的渊源，留有千百年来藏汉文化艺术交流的印记。

沿着丝绸之路寻找唐玄奘天竺负经归返的圣地，寻找敦煌莫高窟吐蕃人留下的最早壁画真迹，目睹六朝隋唐历史几百窟瑰璋珍宝，寻根探源，这无疑是对艺术家最大的诱惑。

敦煌市城东 15 公里处，就是举世闻名、开凿于公元 5 世纪初的佛教艺术宝库——莫高窟。当汽车穿过干燥褐色的沙丘，莫高窟跳出树林，映入眼帘，犹如在戈壁无垠、沙碛连天的褐黄色大地上嵌入的一颗碧绿色的宝石。莫高窟，我们终于来到了你的身边。

“四六五”洞窟探秘

我们在林中敦煌研究院内找到了段文杰院长。当他知道我们来自西南边疆，是藏族传统绘画的传人时，非常高兴，热情地接待了我们。他指示开放那些平常不对游人开放的洞窟，使我们有得以窥此国宝之机。身材修长、容貌颇有敦煌飞天神韵的解说员小叶带我们走进了一座座宝窟。古朴豪放的北朝艺术，辉煌富丽的盛唐石窟，变色形象的西魏壁画，令人如醉如痴，平时颇为稳重的仁真郎加，情不自禁地连连称绝！小叶的眼神里透出对我们的理解，详尽地讲解画中的宗教故事和各个时代的艺术流派。我们漫游在艺术的海洋里，飘然欲仙，一种博大的艺术境界在我们心中升华。

在莫高窟最北端的敦煌第 465 窟中，有元代最珍贵的密宗壁画。此窟在 1988 年有四小块壁画被盗，成为轰动全国的盗窃文物大案，并因之迅速破获。现在的保卫和管理十分严格。据说，因我们是搞藏画的，此窟才破例开放。管理第 465 窟的罗先生是位事业心很强的、20 世纪 80 年代初自愿到敦煌工作的重庆师大历史系学生，他听到我们略带藏味的川腔，便一改普通话，操起重庆川腔道：

"'西出阳关无故人'，今天遇到家乡人，欢迎得很。"他带我们来到第465窟前。呈现在我们眼前的藏族密宗洞窟，一改藏区常见的佛殿式，而是覆斗形顶，设中心圆坛，有前室、主室之分。前室西壁门上画菩萨一身，门南、北各画藏族佛塔一幅，角道顶画云气，南北壁画牡丹花和塔各一。主室窟顶藻井画大日如来佛一铺，东披画佛像一铺，南披画宝生佛迦楼罗座一铺，西披画无量寿孔雀座一铺，北披画不空成就佛马座一铺。西、南、北三壁各画曼荼罗三铺。每铺周围各有若干幅小佛像、小图像：或双身或单身；或手持法器或手执弓箭；或一头二臂或七头十四臂，皆形态逼真，笔法脱俗。东壁门上画有五金刚，门南、北各画曼荼罗一铺，并有火焰童子、毗那夜迦等等。

以元代的藏族密宗为题材的壁画，虽然开窟壁画不多，但独特的艺术风格在莫高窟壁画中显得十分突出，它充分展示了西藏萨迦派密教艺术的魅力。金刚手威严凶猛，有千眼千手者、有三面六手者、有手执各类兵器者，有颈挂人头念珠正在狂怒地舞蹈者……这些密宗造像性格鲜明，形态诡异，千变万化，各尽其妙。洞窟内有以大日如来为中心的五方佛及各种明王忿怒相以及双身合像，即所谓双喜天、双喜金刚。美丽的半裸佛母与大荒神交腿相护，威武雄壮与阴柔秀美相交，充满浪漫色彩；明王像面貌狞恶，裸体作舞蹈姿态，比例适度，夸张生动，线描刚劲有力，晕染颇有立体感，四周小金刚佛体有的用蓝灰色、深棕色对半划开，有的人体左绿右土红，有的左肉白色右深赭色，表现了阴阳的内涵。人体因年代久远，而变成厚重的深褐色，矿物质的青、石绿、白色等仍色泽如新。婀娜多姿的变形佛体如同在优美的乐曲中舞动，节奏强烈而震撼人心。画面一扫藏画常见的繁杂，色调统一高雅，呈现出很高的艺术境界。

敦煌莫高窟 159 窟壁画《维摩诘经变》局部之“吐蕃赞普”

画师们智慧地用造型、色彩、装饰创造出独特的密教世界，实为罕见之作，令人赞叹不已。这批壁画有较多的西藏原始宗教苯教的成分。也明显受到尼泊尔、印度影响。

萨迦密教窟建于元代。元世祖统一全国后，将西藏萨迦派学识渊博、才华出众的高僧八思巴，封为国师并赐玉印，命其掌管全国佛教。故当时萨迦派密宗流行甚广。莫高窟现存公元 1384 年立的六字真言碑上有汉、西夏、梵、藏、回鹘、八思巴文，足见当时西藏密教在各族人们心中的位置。西藏密教独特的艺术风格打破了莫高窟后期艺术渐衰的沉寂气氛，为后人留下稀世宝藏。

圣地的灵光

敦煌莫高窟从公元 5 世纪初的北凉的鸣沙山石壁开凿以来，历经十个朝代，保存至今的洞窟有 492 个。纵观举世闻名的莫高窟，她鸿篇巨制，技艺精湛，内容丰富，不愧是我国古代人民立足于本民族传统艺术、兼收并蓄兄弟民族艺术的有益成分而创建的一个伟大的艺术宝库。我们在西魏时期第 285 窟的一幅狩猎图中，见到画有穿黑衣的变形猎人，开弓射用朱砂所绘的牦牛人物头部飘有鸟羽，估计是当时部落的原始装饰。猎人驻足用力射箭，牦牛中箭受惊跃起，粗大的牛尾向上高举。这是一幅多么生动逼真的画面啊！

公元 781 年，河西地区为强盛的吐蕃王朝所统治。赞普赤松德赞笃信佛教，佛教大为兴盛。由于吐蕃不断向中原求取佛经并互相交流，使之与中原的关系进一步发展。佛教兴盛使吐蕃在敦煌广开洞窟，现存约 66 窟之多。其中两窟有明确的建窟纪年题记，一是第 365 窟，在龛口坛沿用藏文载明，赞普可黎可足阳水鼠年（832）建此佛殿；另一是第 231 窟，据窟内《大蕃故敦煌郡莫高窟阴处士公修功德记》所载即唐文宗开成四年（839）阴嘉政所建。

吐蕃时期洞窟形式有三种：一为殿堂式，一为涅槃窟，一为隧道窟。这些洞窟除承袭唐代前期内容外，密教、显宗神像大量增加。如三世佛、四方佛、如意轮观音、文殊变及萨埵饲虎、善事太子入海等本生因缘故事等等。金光明经变、华严经变等是吐蕃时期分别出现的新内容。常见的佛教壁画维摩诘经变，此时也有了发展，最明显的特点是维摩诘帐下的各国君王群像画成了吐蕃赞普礼佛图。赞普戴红毡高冠，穿左衽白色长袍，蹬乌靴，束腰带，佩长剑，侍者、奴婢、武士前呼后拥。赞普丰腴健美，鼻隆目长，俨如君主，各国君王退居次要，成为陪衬。中唐时期第 159 窟有一图最完整地

甘肃敦煌市榆林窟第 25 窟东壁的“大日如来及八大菩萨壁画”，时代为 8 世纪下叶。

表现了上述内容。赞普的形象在壁画中出现，此为迄今发现之最早者。在第 158 窟门侧有高近两米的僧侣像，这可能与吐蕃僧侣参政、地位提高有关。在第 359 窟、第 225 窟内均有身着吐蕃人装的造像。

吐蕃时期的经变画的装饰图案均衡整齐，统一和谐，网络独特，与前期不同。主要有莲荷纹、团花、云头纹、雁含威仪纹、双凤衔花纹，以及孔雀、鹦鹉、蹲狮、共命鸟等，特别是衣饰上的丝织纹，更是丰富多彩，给后唐时期的装饰图案增添了新的光彩。

吐蕃时期的壁画也有反映下层人民生活的画面。如“阿难乞乳”图：一位少女正在挤奶，驯良的母牛伫立不动，翘首唤犊。急躁的犊儿挣扎着要去吃奶，墙根下一少年用力拉住小牛。

吐蕃时期的壁画在艺术手法上，构图严谨，性格刻画深刻细腻，色调明快高雅，线描笔力雄健，潇洒流畅。显示了纯熟的技艺，突破了前期的规范，取得了新的成就。

敦煌后期的洞窟中也有西藏文化遗迹。如西夏晚期出现的密教曼荼罗艺术。

闻名世界的敦煌藏经洞内藏的古藏文经、梵文文书、唐卡画等。就是雪域圣地智慧在敦煌的结晶。

在离开敦煌的时候，我们按藏族人的习惯，由石窟对面的大沙丘自左至右转，虔诚地朝拜了这座雄伟壮丽的宝窟。

敦煌，这座保存了我们藏族远古艺术的神奇洞窟，这座由我国各族人民共同创造的艺术宝库，征服了我，也征服了世界。

原载《中国西藏》1991 年夏季号

噶玛噶孜画派唐卡中汉地青绿山水技艺特点

康·格桑益希

藏族美术的一大特色是它的开放性、包容性和吸纳性，从它的先期发展历史开始就十分重视和善于学习借鉴周边地域和民族的文化艺术精华，并有着长期不断地和外域文化交流学习的良好传统。仅对南亚梵式风格的佛教造像的引进，就曾在佛教前弘期和后弘期掀起过两次较大规模的学习高潮，以至深刻地影响到中原内地和周边地域的佛教艺术发展。在藏族美术史上占据重要地位、形成于15世纪中叶的勉唐画派、钦则画派以及形成于16世纪中叶的噶玛噶孜画派三大传统流派，对于藏区周边的南亚、中亚、中原汉地的美术乃至间接的古希腊、古罗马的艺术精华也同样广取博采、取其精华。从而独创出了在世界艺术圣殿中独树一帜、自成体系的藏族传统绘画艺术。尤其是其中和汉地地缘毗邻，政治、经济、文化交往频繁

玛尔巴，《噶举色称》唐卡，20世纪，德格八邦寺藏。（格桑益希提供）

四川德格八邦寺（格桑益希提供）

的藏东康巴地区的噶玛噶孜画派，其描绘中对汉地青绿山水表现技艺的吸纳借鉴和发挥创造可谓高屋建瓴、匠心独具。

勉唐画派，形成于15世纪中叶，创始人为多巴·扎西杰波之弟子勉唐巴·勉拉顿珠，故名。画风尤长于表现静菩像之神灵人物，主要流行于拉萨前藏地区；钦则画派，于15世纪初由南喀扎西高徒钦则钦莫创立，其特点是善画怒相神和坛城，主要流行于后藏及山

德格印经院（格桑益希提供）

不灭法王，《铁轮法王》唐卡，18 世纪，德格八邦寺藏。（格桑益希提供）

南地区；噶玛噶孜画派，形成于 16 世纪中叶，由南喀扎西所创，主要兴盛于藏东地区。

和西方、中原汉地美术体系相异的是藏民族传统绘画中没有独立的风景画科或静物画、山水花鸟画种，但却有极其精到、谐和而又无处不见的描绘景物、装点鸟兽、美饰图案等。在佛像的后背和周围展开的是一片片现实世界中的山水林木、花草泉石、祥云彩虹、瑞禽灵兽、佛器法宝；唐卡画中的天界神灵、世间人众、地下精怪、芸芸众生相依相存，相生相克，不一而足。一幅幅出神入化的唐卡既有风景画般身临其境的可观、可行、可居、可游感，又有山水画的爽神、明目、冶情、寄性之妙。当藏族画师们并不满足于已有成就而以更开阔的视野尝试吸纳、借鉴汉地青绿山水画技法之长，将天地万物着意描绘于唐卡背景中时，奇特

巨力法王，《铁轮法王》唐卡，18世纪，德格八邦寺藏。(格桑益希提供)

的效果，更能把藏民族根深蒂固的对宇宙万物自然生命的敬畏尊崇、人文精神领域的深刻理解，结合传统审美意蕴以最佳的艺术形式和意境完美地表达出来。汉地青绿山水和金碧山水元素便自然成为历代藏族绘画大师们心追手摩、学习借鉴的一部分。

藏民族天人合一传统生存理念的深化

噶玛噶孜唐卡对青绿山水因素的吸纳和全景式场景的写实描绘，重要因素得益于康巴地区自古以来兴盛不衰的苯教文化的深刻影响。苯教文化是地道的藏民族传统文化的结晶，可追溯至藏族原始文化时期。苯教信仰的自然崇拜、万物有灵观念，追求人与人、人与自然万物、人与社会和谐共存的生态观；苯教的神、人、魔三界说，地、水、火、风、空五种本原物质创世说等，以其深邃的宗教内涵、奥秘的宗教哲理和生动的表达形式数千年一贯，成为青藏高原独特的文化积淀和人文审美精神追求。这些与自身环境息息相关的生存理念，形成了现代意义上的天人合一的生态观、和谐生存观。相对卫藏而言，康区地处四水六岗，海拔及自然地貌多变，独特的生态环境也必然会刺激画师的视觉感官，进而在画面上传情达意。深邃的传统苯教文化为噶玛噶孜画派唐卡注入了深厚的宗教内涵和人文底蕴，从而描绘出了一幅幅天神、人类、动物、生灵互相联系、互相依存的宇宙世界图形。噶玛噶孜唐卡亲近自然、融入自然的苯教自然崇拜，万物有灵生存观、生态观的展现，是噶玛噶孜画派唐卡别于其他唐卡的风景线。

唐卡绘画情景交融形式美的创新探索

噶玛噶孜唐卡的显著特点还在于其作品中所流露出来的典雅清新的风貌，缓逸的田园自然风光，生活化、世俗化的自由气息。它在很大程度上超越了藏族传统绘画的思维模式和表现方法。噶玛噶孜唐卡一个较为重要的突破之处在于它不同于传统意义上严肃、静穆的宗教绘画，表现出一种自由、恬淡、雅致的抒情意味。而这种自由度的发挥也不完全张扬，在传统文化与异域文化的碰撞中，它找到了一个恰好的出口，在宗教与世俗这两个形态里找到了一种持平与权衡。在它抒情闲野的自然风光里隐逸着高贵的神性，平凡的佛学哲理和人性理想，亦人亦神、亦真亦幻、亦虚亦实。这是画面的奇妙空灵之处，也是其成功之点，然而这一切似乎也不是人为的苦心经营，一切都在自然而然之中。

噶玛噶孜画派这种自觉的创新意识在画派的创立之初就有所体现。我们可见早期“噶玛噶孜”画派的作品中。留有“勉孜”画派的影子。其画面中人物的处理貌似印度笈多风格人物的特点，这是南喀扎西活佛以印度“利玛”响铜造像为范本来指导人物形体塑造的结果，而其背景及诸物的处理则呈现出浓郁的汉地丝轴绘画风格。噶玛噶孜画派的创新实践体现在诸多方面，尤以背景的处理颇具特色，背景中的风景器物趋于生活化，鸟兽的处理趋于写实。宗教的意味显得较为淡薄，而宗教艺术的典型特征——象征性，在自然风光的抒情氛围中似乎也没有留下过多影子。正如司徒·曲吉迥乃所概括的那样：“噶玛噶孜画派的用笔和色调吸收了内地工笔画的风格，而空间环境的布局则采纳了印度画风，在总体格调上继承了‘勉派’和‘钦派’的传统，兼容了三种绘画的优点和长处。”反映出噶玛噶孜画派对多种文化的交融贯通特色。也体现出此派画师高超的对画面整体的把握能力与创新探索精神。

对唐卡画面美化装饰表现意蕴的提升

青绿山水，以其“以形写形，以色貌色”能很好地表现出现实世界的美好，进而理想化为佛教的彼岸世界。所以噶玛噶孜画派很容易地就吸收了青绿金碧山水这种忠实于自然界，稍加理想化的绘画技巧。不仅仅是此派吸收了青绿山水绘画因素，西藏勉唐画派、钦则画派也都不同程度地融合了内地青绿山水画的因素，只是在绘画上的具体表现技巧有所不同，所受影响也不同而已。

噶玛噶孜画派中的青绿山水因素首先起到美化画面的装饰作用，同时也是对传统唐卡程式的冲击和变革，因而具有创意。藏区 15 世纪以前的藏传佛教绘画，都主要表现宗教人物和宗教场景，由于早期佛教绘画是受到印度、尼泊尔佛教绘画的直接影响，特别强调画面中央的主尊造型的形体高大，周围对称地安置体形较小、大小相对均匀的人物。或者主尊周围以千佛围绕，构成形式仍然如前对称安置。底色为深蓝色平涂，绘以花朵、花瓣、卷草纹样，间或绘动物、七珍八宝等吉祥物品。画面整体呈以红黄色系为主的暖色调，间或以少量的深蓝色为补色和对比色。这样的画风，严谨细致，而在绘画量度上对《造像量度经》有着不逾越的忠实，从而成功地表现出宗教的严肃性、崇高感和神圣地位。这种画风也是 11 世纪时，印度佛教大师阿底峡来到西藏，针对藏传佛教后弘初期，应运而生的佛教界所存在的教仪不明，认识紊乱局面所进行的系统化、规范化、戒律化整顿结果的一个方面。因而形成藏传佛教绘画中只有衬景部分是画师可以随意表现的规则。这一种严肃的画风经历几百年，直到 15 世纪时，由于本土绘画风格流派的形成和多方面的影响，其中包括内地的青绿山水绘画因素的影响，而渐渐有所变通。其间经历了开放借鉴、吸纳融合，民族化、本土化的过程。

藏传佛教神人合一象征内涵的诠释

噶玛噶孜画派的唐卡，由于吸收了内地青绿山水画的因素，画师为了加强画面中心主尊人物与背景的融洽和谐关系，在画面构成上不再是完全对称，主尊像也不完全是正面结跏趺端坐像，而是视画面构图审美需要进行错落有致的安排或呈四分之三侧坐像。在一些作品中，主尊虽然还是处于画面中心地位，但已经不再像之前的绘画那样占有绝对的显赫位置，画中的人物依据情节安排在明媚清丽的山、云、水、石、花、树、鸟、兽、建筑等自然风景中。色彩上以青绿为主，将藏传绘画传统的红黄色系基调作了改变。对自然

十六罗汉之一，《十六罗汉》唐卡，19世纪，德格八邦寺藏。（格桑益希提供）

风景的强调，让人耳目一新，并产生亲近感。这种理想化的青绿山水因素为藏传佛教绘画注入了新的活力，起到了丰富题材内容，装饰美化画面、衬托主体人物的作用。这种衬景产生了变化合理性的学术支持："整个装饰背景中的某些细节部分不仅是一种装饰，它们还具有潜在的含义，是所绘的神或上师喇嘛的心智成就的一种象征性表现。"

昌都噶玛寺（噶哇扎西摄）

藏传佛教绘画是藏传佛教不断社会化的产物，佛国的彼岸世界是与充满苦难的现实世界相对的西方极乐净土，佛教绘画在发展过程中不断地世俗化，同时，也是将人的世俗欲望神圣化。绘画是源于生活的，如此一来，便可使神佛的极乐世界与人间世俗世界类似，人们可以更具体地对彼岸世界进行想象，那是以现实生活为原型而更加理想化的世界。佛教绘画也要受到每个时代流行的绘画因素的影响，也就必然会表现出世俗的倾向。这也是噶玛噶孜画派吸收明代青绿山水因素的必然。

其次，噶玛噶孜唐卡中描绘的天界仙景，人间世外桃源的青绿山水因素，还起到将神的世界类似于人间，从而拉近了神与人的距离。佛教绘画将经典、教义用图像的形式来进行诠释，并描绘了一个理想的彼岸世界，主张在自然山水中放情达性，将自然艺术化，在自然山水中达到禅修的境界，靠自然山水悟得佛理。

对藏族传统唐卡绘画技艺的丰富与发展

噶玛噶孜画派由于地缘紧连内地，以及噶玛噶举教派的八世噶玛巴米久多吉活佛与明代朝廷的密切关系和文化交流，更多地吸收了明代内地青绿山水的因素，从而推进了此派绘画的发展进程。在18世纪时，由天才的十世噶玛巴却英多杰和大学者司徒班钦·却吉迥乃发展到了极致。因而内地的青绿山水画表现因素对整体的藏族传统绘画也起着积极的滋润和提升作用。噶玛噶孜画派画风的嬗变与成熟，不仅仅是在绘画技巧上，还在于对雪域大自然的认识观念上也再次受到了本土传统宗教苯教自然崇拜、万物有灵观念的深刻影响。同时，也找到了一条表达这种传统文化精神与和谐理念的手段，这里虽然强调了汉地青绿山水的作用，但是从整体来看，同样是对风光景色的描绘，噶玛噶孜画派唐卡的绘画风格无可非议地具有强烈而浓郁的藏地本土民族特色、深邃的对宇宙万物自然生命的追求和对人类生存价值的深刻理解，与汉地文人画青绿山水表现技艺对意境的追求是完全不同的。噶玛噶孜画派唐卡中，无论是对南亚印度的佛教造型影响，克什米尔风格的借鉴，本土传统优势的学习，乃至对汉地青绿、金碧山水因素的吸纳，这些作为艺术营养，都已经被藏族文化主动地消化融化于自己的血脉肌体中，并以全新的藏民族的风貌神韵展现出来，成为人类文明在前进发展中的对传统文化的一种新的优化、继承和弘扬方式，生生不息，代代相传。

结语

嘎玛嘎孜画派作为藏族传统美术三大画派中举足轻重的一支，产生于青藏高原本土文化的沃土中，生长于世界多种文化艺术交流的历程中，成熟于藏民族一脉相承的传统历史文明中。具有自身深厚的根基，又可见受本土传统文化的直接滋润，也可见多种外来文化，南亚、中亚、中原文化的影响，并隐约可见古希腊、罗马文明的间接浸染。

就本文所述之对汉地青绿山水因素的吸纳而言，不仅成就了嘎玛嘎孜画派独特的地域特色，在其发达期又反过来作用于周边许多与之相关的美术，尤其是后期藏传佛教美术。嘎玛嘎孜画派由藏民族一手培植，却又超越了藏民族这一人群范畴，超越了康巴这一地理范围，拢括着西及拉达克，东及川、陕，南及东南亚，北及蒙古这一广泛的文化地带，涉及周边各民族的美术风格。存身于宽泛的藏文化圈中，本质上构成了藏文化圈的美术体势，还辐射到藏文化圈之外，是一个具有世界性、民族性、地域性的美术现象。嘎玛嘎孜画派用五彩斑斓的色彩在藏族美术发展史、中国美术发展史上描下了浓重的一笔。

历经近 400 多个春秋的嘎玛嘎孜画派，不仅对藏区东部的民族文化建设和传统美术的发展起着承前启后的作用，对藏民族整体美术的繁荣昌盛也产生着积极而深刻的影响。同时，它还从一个侧面充分体现了雪域藏民族文化博大的多元化凝聚力。

注：文章摘编自作者研究论文《藏传嘎玛嘎孜画派唐卡对汉地青绿山水技艺的吸纳》。

原载《中国西藏》2012 年第 4 期

西藏古印艺术

邹西成

此颗银印章，是如意钮头，正背面雕刻有狮子，印颈以下刻有三层覆形莲花纹及回形纹，该印为西藏贵族所使用。（邹西成提供）

西藏印章艺术传承着千年的藏族文明，凝聚着藏族历史文化遗产的无限风采。

我从小非常爱好雕刻汉篆印章。当 1985 年第一次接触到西藏印章时，我就被它深深地吸引了。20 年来，我一直生活在西藏，潜心于对藏族印章文字、图纹、印纽的研究，足迹踏遍了整个西藏及青、甘、川、滇等藏区。走上了漫漫的收藏、整理和研究藏印之路。在寺庙，我向僧人们学习宗教

四川甘孜州塔公寺使用的方圆两面错银铁印章（邹西成提供）

该印为青铜所铸，上部刻有一鹏鸟的尊形，印绶孔为三孔组成的，极为少见。（邹西成提供）

文化，感受藏传佛教的博大精深；在牧区，吃、住在牧民家里，学习藏语，同唱藏歌；在徒步行走中，得到了藏族兄弟无私的帮助；有些印章甚至是他们无偿赠送的。在印章的研究过程中，和藏学专家多次交流，得到了充分的肯定和支持。

西藏印章是中国印章史上极富魅力的瑰宝，它所包含的历史、人物、政治、宗教的深度和广度以及文字、图纹、材质的千姿百态都堪称一绝。印章既是历史的见证，权力的象征，又是多种艺术的综合体现。有了印就有了权，不管是世俗的还是宗教的，得到了世俗的封印，就可以成为某一地区的统治者；得到了宗教的封印，也就成为某一教派的领袖人物。在政教合一的西藏地方，有了封印，往往也就可以掌管当地的政教大权。同时掌权者必须遵守中央王朝的法度，秉承皇帝的旨意，管理当地的僧俗事务。

1996 年，我去四川藏区，收藏到一枚鎏金错银铁双面印章，后经考证是藏传佛教萨迦派塔公寺寺庙印章。

此枚印章为双面印，通高 7.2 厘米，圆形印面直径为 3.0 厘米，方形印面边长为 3.0×3.0 厘米。印面内刻有藏文，意为：一见解脱如意寺（塔公寺）；另在印文下端刻有回形纹，它系古代陶器和青铜器上雷纹演化而来，形似“回”字，寓意“福寿吉祥、绵长”。另一端为圆形印。上端刻有太阳、月亮；印面刻有藏文，为一见解脱如意寺的简称：一见寺。

此枚印章大约刻于明朝初期，迄今近 500 年，其工艺及创意可称上乘之作。由于频繁使用，还可看见印端头左右侧手捏处的凹陷磨痕。

塔公寺位于四川省甘孜州康定西北部 113 公里处。海拔 3730 米，是藏传佛教萨迦派著名寺庙之一，至今已有 1000 多年的历史，有

塔公寺印章的圆形印面，刻有藏文“通林”，意为一见寺。是寺名的简称，以示区别，用于不同的签章地方。（邹西成提供）

塔公寺印章的方形印面，刻有藏文“通卓桑林”，意为一见解脱如意寺。（邹西成提供）

拉加里法王印章的圆形印面，中间刻有右旋雍仲（亦称法轮），四角刻有四出如意。（邹西成提供）

拉加里法王印章的方形印面，中间刻有八思巴文，左右刻藏文，四角刻有法螺。（邹西成提供）

西藏山南拉加里法王使用的方圆双面错银铁印章（邹西成提供）

此套印章有五件套组成，印章、印盒、印刷、印章皮囊、皮穗所组成，非常完整，印盒上镶嵌有一颗红珊瑚，为西藏高僧所用印章。（邹西成提供）

“小大昭寺”之称，是康巴地区藏族群众朝拜的圣地之一。

塔公寺修建于公元7世纪中叶，相传约在公元641年。唐太宗皇帝把文成公主许配给藏王松赞干布，并把一尊释迦牟尼佛（藏语称“觉卧”）12岁等身像赐给公主和藏王。文成公主进藏经过塔公的时候，奇怪的事情发生了，这尊觉卧佛像竟然像在地上生了根一样，再也无法移动半步，就在众人千方百计要拉动佛像的时候，佛像却开口示意愿留在这里。但是，这尊佛像必须送到拉萨。文成公主当即令众人就地取用金沙按照佛像原貌复制一尊留在塔公。传说在塑造过程中，当天刚塑完下半身，一夜之间上半身竟自然生成。新像落成，原像才得以顺

此颗银印章，是如意钮头，并雕刻有双面金翅鸟（迦楼罗，大鹏鸟音译），在佛教的经典中又称作善能救摄一切众生的保护神。为西藏高僧所用印章。（邹西成提供）

此印为鎏银、错金铁镂雕工艺，在如意钮头，钮身正背面刻有四尊团龙，整体印章极其精美，该印为清代初期中央政府敕西藏高僧的图记（私印）。（邹西成提供）

利启程，最终到达拉萨并供奉在大昭寺中。后来，该地因此建立了寺院，人们把寺院及寺院所在地叫作“佛地”。

文成公主到达拉萨后，松赞干布特地修建了 108 座寺门面向汉地的寺院，塔公寺恰好是这批寺院中妙义无边、最后圆满的第 108 座寺。若干年后，从印度来了一位高僧，调伏了本地与佛法作对的妖魔，重新为寺院举行了加持开光法会。法会吉祥圆满，诸佛菩萨当空现身，传来欢喜赞叹声“塔公、塔公”（藏语意为“佛菩萨高兴、欢喜”），从此“塔公”就成了寺院的名称。由于殊胜的密意因缘，塔公寺又被称为“一见解脱如意寺”。

塔公寺觉卧殿中供奉着著名的觉卧佛。佛像镶满了金银珠宝，是千百年来朝圣者供养的。觉卧殿中还供奉有元朝国师大宝法王八思巴到塔公时用神通在石头上留下的脚印以及一尊高约 1 米的千手千眼观世音圣像。在塔公寺内，珍藏着许多珍贵的佛教文物，包括迦叶古佛的佛牙舍利，11 世纪印度大成就者那若巴用过的法铃，八思巴赠给寺院的印章及鎏金铜佛。印度高僧哄钦嘎然的手杖也装藏在成就塔里。

另外还有一颗藏印为“错银铁双面印”。是拉加里（法王）的一颗用印。印章的两个印面雕刻非常有特点，圆形印面中间刻有雍仲“卍”字图形，是“喜旋”的异名。在雍仲图形外刻有四条轮辐，意为“法轮常转”表明佛法传播永不停息。此雍仲是藏式的“右旋法轮”，为佛法的代表性标志。在轮轴的中心刻有四条轮辐，轴的中心刻有“卷草纹”，轮边刻有 16 颗宝珠。

方形印面顶部刻有太阳、月亮纹，其四个角刻有右旋的四个法螺，象征天上的法王，中间刻有字和图纹组合的四条轮辐，意为右旋法轮。在印面刻有古老的八思巴文和藏文意为“我—拉加里法王”。

据藏史史籍记载，拉加里家族是吐蕃赞普（国王）朗达玛儿子俄松的后裔，获得世袭赤钦（旧时对在政、教两方面拥有名号的西藏王族后裔所加称号），即山南王之特权。约在公元 12 世纪时在山南形成雅隆觉卧王系，占有一部分土地和属民，后来雅隆觉卧王系在艾地区建立茹果曲德寺，又称为“加里寺”，这个王室以后自称为拉加里。拉，藏语为“神”的意思，故这一支王室家族的名称冠以“拉”，以后，这个王室家族与寺院佛教势力结合成为政教合一的“法王”。形成一支政教合一的统治势力。二世、三世、五世达赖喇嘛都曾到过拉加里的府邸。格鲁派掌握西藏地方政权后，五世达赖喇嘛封拉加里家族的人为“赤钦”。作为管辖一方政教事务的统治者。

拉加里赤钦作为赞普的后代和一方统治者，在礼仪上受到地方政府的特殊优待。赤钦一年一度去拉萨朝拜，噶厦要派孜准、雪准等礼宾官员到拉萨河渡口迎接；赤钦在公众场合会见达赖喇嘛时，也可以只欠身而不下跪；赤钦登位或娶妻时，噶厦要派四品官员前

此印为紫檀木，顶部刻有莲花宝相纹，钮头是缠枝莲纹，印颈部刻有十六颗宝珠，为西藏高僧所用印章。（邹西成提供）

去祝贺；赤钦在自己管辖区内有行政权和司法权，可以自行任免官员；历世达赖喇嘛举行坐床典礼时，拉加里法王要穿上松赞干布时代的古式服装，亲自到拉萨念经祝贺；而每次新法王继位时，地方政府也特派一名四品官向新法王祝贺。

这颗印章总体雕刻与纹饰分布都颇有新意，体现了称霸一方的拉加里法王的威仪。非常幸运的是历经几百年，至今它还保留有原装鹿皮印绥。据考，此颗印章迄今大约已有 400 年。

收藏和研究古老的藏族印章，让我深深地感受到了藏民族文化的博大精深，这一方方印章将千百年来藏民族文字的演变、独特的金属冶炼工艺、精湛的雕刻艺术、宗教文化的变迁以及社会的进步与发展充分地展示出来。就像是一部凝固了的历史。

原载《中国西藏》2007 年第 1 期

西藏经卷插图艺术

翟跃飞

西藏的经卷插图有两种形式：一是黑白的，一是彩色的。黑白的都是随文字雕刻而成的，以木刻形式表现。一般出现在经卷的卷首或扉页的两侧，常见的是两帧，尾页正中还配有一塔。这里我要重点谈《八千颂》的插图，它是我目前所见的木刻插图最多、风格最为独特的一本经卷，每一页文字的左右两侧都各有一幅人物插图，总共有一千余幅。

《八千颂》又称《般若八千颂》，是略本般若经。全书二十四卷，三十二品，据说由印度学者释迦赛纳、加纳悉地和西藏译师达摩达西拉共同译成藏文。

《八千颂》在藏传佛教信徒中的普及度十分广泛，几乎家家都在佛龛里加以供奉，并时时诵读。信徒们相信，《八千颂》所特具的力量能保佑阖家平安、吉祥如意。

《八千颂》的插图除佛陀、菩萨、观音、度母外，还有印度等国

《大藏经》插图，释迦牟尼，约12×12cm。（翟跃飞摄）

《大藏经》插图，般若佛母，约12×12cm。（翟跃飞摄）

的高僧大德，以及大学者、大译师、大成就者等著名人物。

这些形象，因其宗教意义，在造型上都有十分严格的定制，尤其是佛、菩萨、度母和观音，在描绘或塑造他们时，必须按《造像度量经》里的规定来量身定做，其姿态、属性、所佩戴的珠宝串镯，以及手势也即手印、法印等，皆有明文规定和刻板的法度，非常标准，稍有违背，都将被视作对佛的不恭敬。而其雕刻、绘、塑行为本身也是宗教仪轨的一部分，有严格的法度需要遵守。

20 世纪 50 年代以前，西藏的画师大多数为僧人，绘画的目的性很强，就是为了宗教。他们作画前有一定的仪式，要供奉香火，口念真言，手捻佛珠，以清净心性。他们还必须具备常人所不及的独到品行，佛经里对画师的要求是：一定得是善人，既不太矜持，又不动怒，圣洁至善，勤奋好学，不受迷惑，还得是虔诚的佛门弟子，为大慈大悲之人，不贪心，等等。

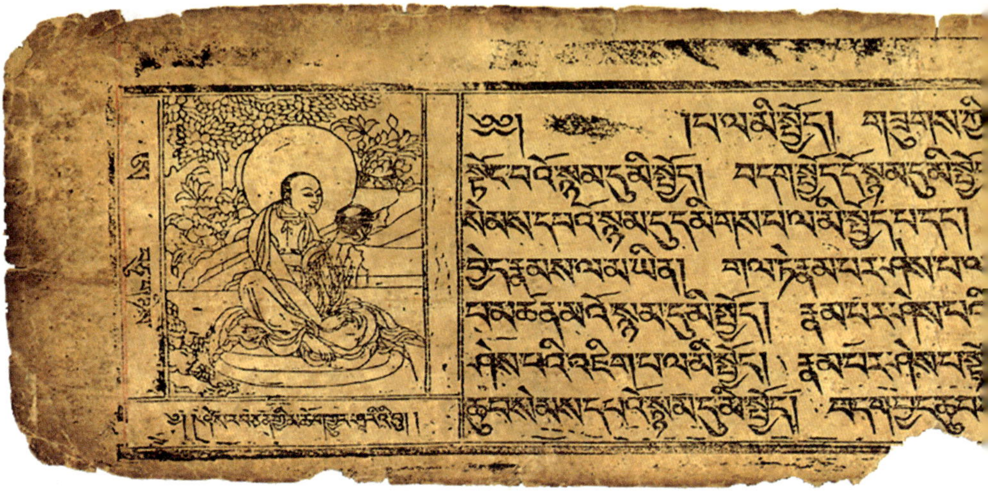

《八千颂》经叶　62×15cm（翟跃飞摄）

如此的清心静虑，以及因纯粹的宗教信仰为目的而画的佛的形象，其与现代艺术的要求有相当的距离。当然，我们不仅完全不能以艺术的眼光来要求宗教图像，反而被它所具有的慈悲不断地打动，唤起我们最基本的悲悯，从而让我们生活的世界变得美好。

总之，在这里，所谓的艺术是服务于宗教的，宗教的教义正是通过各种能引起信徒共鸣的慈爱、智慧、勇力甚至畏怖等形象化进而模式化的语言来得以宣扬的。但是什么东西都不是铁板一块。在宗教绘画中亦如此。而这部《八千颂》里的一些高僧大德、仁人智者的木刻插图，在所表现的题材、所用材料和手法上，于有意无意之间，就有一定的松动，也因此，其造型简练而富有创造力，生动地刻画了象征智慧化身、力量化身、博学化身等的众尊者和历代宗教人物形象。

另一方面，由于创作者个人的原因，前提仍然是虔诚的佛教信

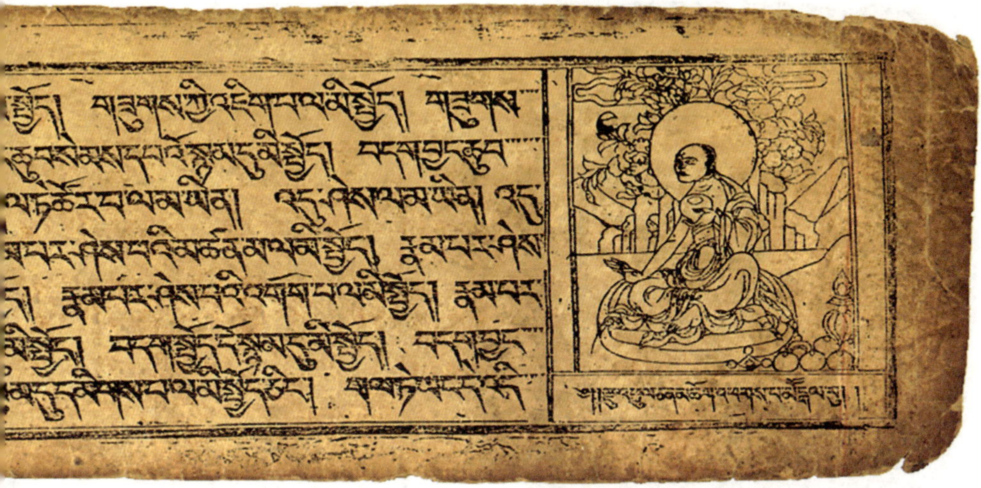

仰者，比如才情，有限度地对所要求表现的宗教人物的想象定位，以及对宗教理想的“悟”“觉”的程度，等等。这都会对其所塑造、描绘的宗教形象有所影响。所以，我们才能在《八千颂》所展示的经卷木刻插图的人物形象上看到几分奇异，甚至怪诞的天然情趣，如诸“开悟者”的形象，就是通过夸张的造型和对人物变幻莫测的神态的巧妙处理，而使人“神化”的，其在人与神之间所寻找的这种契合点，极具表现主义和象征主义的意味。再如“显密圆满者空行扎丝日”那幻觉般的造型、“堪忍黑金刚”那使人震撼的想象力等等。

由于《八千颂》的源头是印度，我们在其中也常能窥见印度艺术的踪迹，如神化了的印度美女，抽象化了的姿态怪异的瑜伽觉士。

雕版线刻插图作为一种古朴的印刷手段，它的最大特点是：线条稚拙、简洁，但洒脱；造型独特，虚实相生；流畅的铁线极有情趣和生命力，舍去一般西藏绘画的装饰背景，更显其情韵和力度。

显密圆满者空行扎丝日（翟跃飞摄）

堪忍者黑色金刚（翟跃飞摄）

区别于黑白插图的是经卷里的彩色插图。

经卷里的彩色插图与黑白插图不同处除了色彩外，手工绘制也是其中一点。

手绘插图的艺术风格如同壁画一样，地域性非常明显，不同的画派也各有风格。另外由于形式和空间的局限，手绘经卷插图一般没有大场面的故事性绘画。这里我要介绍的两帧插图是后藏地区的作品，时间约在 12 世纪。从形式上看，其构图和同类作品的另外一种艺术形式——唐卡绘画一样，二者都遵循着相同的构成法则：中央的主佛大而庄重，两侧对称地安排着体型较小的胁侍。但从风格上看，这幅《释迦牟尼》插图由于受到了印度、尼泊尔等国家的影响，而印度早期佛像又深受希腊传统雕塑的影响，所以，佛包括菩萨均宽肩细腰、高胸软腹，比例关系准确，既庄重又优美。主尊的头部虽大于比例，但整体和谐，头略下垂，面部表情庄严，呈思维状。微开微闭的双目注视下方，丰满的嘴唇也微张着，表情生动、自然。右手垂直指地，结降魔触地印。这来自释迦牟尼在成佛前历经磨难、降伏众多恶魔，终于得道成佛的故事。

画面上，释迦牟尼结跏趺坐于莲座上，这一莲座由双层莲瓣组成，上宽下窄，宝座下方绘有对称的白狮做护法。其两侧的胁侍造型是典型的北印度犍陀罗风格，站立的姿势、饰物和衣纹的走势更具形式感。特别引人注目的是近乎裸体的女性优雅的立姿，头、胸、腹古典似的以不同角度倾斜成三道弯。若头向右倾，胸部则向左方，臀部向旁耸立，两腿转向右方，妖娆妩媚，夸张、丰满的身体使她们更婀娜多姿，更具有生命力。

和藏传佛教艺术无论在壁画、雕塑和唐卡里对佛的造型处理一样，这件插图作品里的释迦牟尼佛的脖颈也非修长的，而是以三

游戏于尸体林之官达李（翟跃飞摄）

倭震旺久善水若鱼（翟跃飞摄）

道环状皱纹来加以表现。这三道环状皱纹不仅表现了脖颈的长度，还增加了脖颈的柔美。

般若佛母像。其上身裸露，身挂璎珞，头戴五叶宝冠，面部凝重而庄严，上翘的嘴角给人以慈祥感。主臂左手做禅定印，右手做施愿印。次臂，左手持举般若波罗蜜多经书，右手举持金刚，结跏趺坐于莲花宝座上。下肢着贴身裙裳，腰系帛纱飘带。所戴的耳饰、腕环与臂钏让佛像显得富丽、精美。裙裳的描绘借用花纹的走势代替了衣纹的处理，既体现了下肢的轮廓，又使其尽展流畅。两侧的胁侍为正面立姿，两脚成八字状。胁侍丰乳束腰、体态婀娜，衣着与主尊相统一。虽然也有头、胸、腹的扭曲关系，但更微妙、更含蓄，不像上一幅那样夸张。在这里，胁侍的双腿具有雕塑感，显示出古典式的简洁。胁侍的这种站姿在藏传佛教的其他艺术中也表现得非常杰出。从此图上，我们可以看出主尊与胁侍身上的各部分的装饰处理得犹如波斯细密画。以红色为主调的画面，点染绿、白、黄、黑色。在厚重的暖色中用白色提神、黑色点缀、黄色为辅助色并代金色，颇有闪光发亮的效果，绿色则大胆地与红色作对比，几种色彩互相配合，在黑色藏纸的衬托下，显得分外光彩。

以上两件作品的背光绘有来自印度的屋门装饰，门柱的柱头一直延伸至画面两端。主尊头光的顶端绘有大鹏金翅鸟。这种大鹏护法怒目圆睁，两手抓着尖形鸟嘴啄食的长蛇。画面左右两侧的飞天俯身下倾，极其生动。而主尊、胁侍、飞天、护法均采用卷草纹饰环绕相隔，使画面顿生熠熠闪光的动势。

原载《中国西藏》2012 年第 4 期

漫话桑耶寺壁画及保护

曲杰

桑耶寺壁画（曲杰摄）

桑耶寺乌孜大殿的壁画（曲杰摄）

西藏有近2000座佛寺，每座寺院均绘制有精美的壁画，这些壁画不仅是藏传佛教建筑的重要组成部分，更是西藏古代劳动人民智慧的结晶。

桑耶寺的历史和建筑

桑耶寺位于西藏山南地区扎囊县桑耶镇桑耶村，距离山南地区行署所在地泽当38公里，距离扎囊县25公里，海拔3676米，是国家级文物保护单位和国家级雅砻风景名胜区的主要景点之一。

公元8世纪中叶（750年）由吐蕃赤松德赞建造，距今已有1250多年。寺庙中央主殿的建筑结构为三层三样式：底层殿和塑像为西藏风格，中层殿为汉地风格，上层殿为印度风格，是一座糅合三地风格于一体的稀有建筑。现占地面积4900多平方米，主殿周围建有象征四大部洲、八小洲及日月的佛殿。四方建有神奇四种宝塔。寺院围墙上修有1028座小佛塔。围墙外还有三位王妃所建的三界铜洲殿、遍净响铜洲殿、哦采金洲殿。寺院东南隅为西藏四大名山之一的哈布日山，山背后有大堪布寂护的灵塔和小型佛殿。寺院北方有长寿修行处聂玛隆沟，东北

桑耶寺全景（车刚摄）

桑耶寺释迦佛（曲杰摄）

桑耶寺壁画之护法神白哈尔神（曲杰摄）

隅山地为隐居修行之地青朴。寺院左右还有四大洲殿和八小洲殿的大圆满佛殿、神奇大能仁佛洲殿、大圆满大轮转经佛殿，弥勒持法洲殿和法、报、化三身之大轮转经佛殿等。该寺各殿均绘内容丰富的壁画。

壁画中的西藏史

桑耶寺的壁画以题材广泛、内容丰富、技艺精湛著称于世。几乎在所有大小殿堂、回廊的墙面上都满饰壁画，其题材除其他寺庙常见者外，还有“西藏史画”“桑耶寺史画”“莲花生传”“舞蹈杂技”“举重摔跤”“划船赛马”等等。

“西藏史画”在“乌孜”大殿内围墙中层廊道壁面上，自远古传说的罗刹女与神猴成婚，繁衍了西藏这块土地上最早的人类开始画起，描述了雅隆部落的兴起；自上天迎请第一位吐蕃赞普聂赤赞普；

桑耶寺壁画（曲杰摄）

桑耶寺壁画（曲杰摄）

佛教始传入西藏；松赞干布统一西藏；藏王墓分布示意图；迎请尼婆罗赤尊公主和唐朝文成公主；大昭寺的兴建；唐朝金城公主进藏；桑耶寺的兴建；莲花生入藏；佛教在西藏的弘扬；赞普朗达玛灭佛；阿底峡入藏，佛教在西藏的“后弘”期，萨迦王朝、帕竹王朝的兴衰；宗喀巴创立格鲁派；直到九世达赖喇嘛业绩。整个画面长达 92 米，这样的弘篇巨幅被誉为西藏的“史记”，而且在古今中外壁画史上也是罕见的。

“桑耶史画”在“乌孜”大殿分布较广，第一层、第二层均有，尤以大门左侧回廊的为精细。它详细地描述了该寺的兴建缘起；有关寺名来历的传说；主持建寺的名僧莲花生在吐蕃王臣及各施主支持下筹建情形；建寺过程中降妖伏魔的传说（实际上是与异教徒或自然灾害的斗争）；寺院布局安排的象征意义；寺院建成后的宏伟规模，“七觉士”出家；寺成后赤松德赞亲临现场主持开光典礼的盛大

桑耶寺壁画之莲花生进藏情景（曲杰摄）

桑耶寺壁画（曲杰摄）

欢庆场面。画史后面的几幅描绘了该寺在明代时期遭受的一场大火，以及火灾后重修的情景。这种“寺史画”。完全是将“寺史志”形象化、生动化、大众化的一部连环画。此外，还有甘丹寺、哲蚌寺、色拉寺、扎什伦布等四大寺和布达拉宫修建过程的壁画。

“莲花生传”壁画位于大殿中层的明廊南壁。莲花生藏语称“白玛俊乃”，乌仗那（今巴基斯坦境内）人，8 世纪印度佛教密宗大师。在画面中，他的形象除具有明显的南方异域人物特征外，还画成怒目张口作忿怒状，以示其“法力无边”。

“文成公主堪舆图”壁画中，文成公主挽高髻，着长衫，单膝跪地，右手指着面前的堪舆图表，双目凝神注视。公主为藏族事业专心致志、忠贞尽瘁的美好形象栩栩如生，然而画师还在她的上方再现远山浮云，前方又添两朵含苞待放的莲花。这就更点染出了高原景色，更渲染了文成公主是度母化身的内涵。“宴前认舅图”，绘于

桑耶寺壁画（曲杰摄）

桑耶寺壁画（曲杰摄）

乌孜大殿内围墙中层廊道，生动地记述了藏、汉民族联姻结亲的历史事件。

“舞蹈”“杂技”“举重”“摔跤”“长跑”“赛马”等体育活动场面的壁画，主要分布在大殿门内左侧回廊和中层回廊两处。

康松桑康林壁画中有一幅桑耶寺庆典场面表演白面具藏戏、卓舞、谐巴谐玛歌舞的壁画，被研究藏戏的学者认定是吐蕃王赤松德赞主持修建桑耶寺时期的绘制品，以此作为白面具藏戏在公元8世纪中叶已经形成的重要依据。有些学者认为，此壁画形成于距今100年左右的近代。在这座神殿的壁画中，有桑耶寺落成的庆典场面，其中有多种阿卓鼓舞队、谐钦歌舞队、宗教仪仗队和白面具戏的表演画面。

对于强久斯玛吉林殿壁画，笔者认为，该处是整个桑耶寺建筑群中保存比较完整的遗址之一，即墙体是建寺时的遗存，壁画属于

桑耶寺壁画之摔跤图（曲杰摄）

公元 8—11 世纪早期藏式佛像画风之“中原—藏式画风”，其塑像作品出自中原的汉族艺人之手，体现了吐蕃时期藏民族与周边民族之间文化上的交流与友好往来。

桑耶寺的历次维修

桑耶寺大多数壁画均为 17 世纪中叶失火后重绘的，虽然它不是早期遗存，但在很大程度上继承了早期壁画的题材、内容、风格等，这是研究藏民族历史文化与风俗习惯，甚至我国舞蹈、杂技、体育运动的珍贵实物资料。

桑耶寺在其 1000 多年的历史过程中，经历过几次大的维修。吐蕃王朝晚期，朗达玛灭佛毁寺，奴隶平民大起义在西藏各地相继暴发，寺院遭到破坏。11 世纪后，桑耶寺成为宁玛派的根本道场之一。后来，由于政治中心的转移，地理环境的变化，该寺亦逐渐冷

桑耶寺跳神（安才旦摄）

落。13—16 世纪期间，桑耶寺已破烂不堪，不但香火寥寥，僧众减少，而且建筑也多残毁，无人修缮。

17 世纪初，萨迦派僧人对寺院进行了维修。从此，原为藏传佛教宁玛派的中心寺院，改由萨迦派管理，只有护法神殿仍归宁玛派僧人住持。格鲁派取得西藏地区的统治地位后，历任达赖喇嘛或则支持宁玛派，或则兼学宁玛派密法。17 世纪中叶，桑耶寺曾遭一场大火，大殿被烧毁，后来绘的壁画中就有烈火熊熊、大殿被焚的场面。到六世达赖喇嘛仓央嘉措（1683—1706）以后，又才陆续修建起来。

在20世纪40年代，热振活佛摄政期间，曾对桑耶寺进行过一次较全面的维修。西藏和平解放后，党和人民政府极为重视桑耶寺古建筑和寺内文物的保护工作，曾拨给专款进行维修。1962年，西藏自治区筹备委员会将其列为西藏重点文物保护单位，成立了寺管会，专门保护和管理该寺的文物古迹。由于桑耶寺壁画在“文革”中破坏比较严重，1982年恢复开放以来。国家先后拨款120多万元，黄金近5万克用于寺庙维修和壁画、佛像修复等。1985年以后再次重新修复部分壁画。

原载《中国西藏》2007年第6期

《大唐天竺使出铭》摩崖石碑的考古发现

霍巍

西藏吉隆县境内最近发现的一处唐代早期汉文崖刻——“大唐天竺使出铭”（局部）。这一崖刻长约1米，高约70厘米，全文约120字，大部分字迹比较清晰，被视为西藏与中原亲密关系的又一重要实物佐证。（1992年9月吴华国摄）

在西藏高原近年来的考古调查中，由西藏文管会与四川大学考古工作者组成的一支小分队在吉隆县境内发现了一通额题为《大唐天竺使出铭》的唐代初年摩崖石碑。这一重要的考古发现，

今日吉隆镇一角（张鹰摄）

为研究早期唐蕃关系、中印古代交通等问题提供了新的史辩。

石碑发现位于吉隆县县城（旧名“宗喀”）以北约 4.5 公里外的阿瓦呷英山口，东西两面为起伏的山脉，北面为进入吉隆山地的古道入口，南面则可直通中尼边境重镇吉隆出境至尼泊尔，石碑所在山崖位置的下方，是一条藏语中称之为“鲁玛清久”的小季节河，石碑发现于海拔 4130 米处，为西藏现存地理位置最高的一处碑刻。

这块距今近 1400 年的唐代碑铭系在崖壁上修凿出的一块平整的崖面上刻成，宽 81.5 厘米。其下端因当地修筑水渠时破坏，现残高 53 厘米，石碑的正中上方额题篆刻阳文一行 7 字“大唐天竺使出铭”尚清晰可辨，其下方的碑文调查时仅残存阴刻楷书共 24 行，满行估计原有 30—40 字，上端无缺字，但下端则破坏比较严重，加之该石碑处在风沙猛烈的山口前沿，经过常年的风沙侵蚀，其中许多文字已浸漶不清，据统计，现残存共约 220 字。

吉隆沟风光（张鹰摄）

然而重要的是，经过考古工作者的释读，从碑石残存的文字中发现了一些重要的线索，对于其年代、性质已基本探明，根据碑文记载，此碑系唐显庆三年（唐高宗李治年号，658 年）所刻，碑中记载了唐代使节王玄策随刘嘉宾、贺守一等人历尽艰难险阻，出使天竺，经“小羊同”等地路过吉隆，于此勒石记功的情形。根据石碑文字的一些片段来看，推测大约这批使节是沿着唐贞观二十二年王玄策及李义表出使天竺的古道而行，经吉隆出境至尼泊尔，再抵古印度的。

这通唐代初年的石碑，是迄今为止在西藏高原所发现的汉文石刻铭中年代最早的一通，比现存的拉萨大昭寺著名的《唐蕃会盟碑》（也称《唐蕃甥舅会盟碑》，立于唐穆宗长庆三年，823）要早出 165 年，唐显庆三年，正值吐蕃王朝松赞干布去世不久，大臣禄东赞辅佐朝政之际，禄东赞在安定吐蕃全境之后，于唐高宗显庆元年发兵

日喀则吉隆夏尔巴族民间谐庆舞（格桑加措摄）

击白兰氏，并从是年起连年发兵击吐谷浑，唐蕃关系也转入一个新的历史时期，从碑中所载大唐使节可自中原穿过吐蕃腹心地带，直抵其西南边界的情况来看，当时的唐蕃关系虽然处在十分复杂的历史条件下，但仍然是和睦友好的。这为研究早期唐蕃关系史提供了十分重要的史料。

吉隆县帕巴寺（秦永章摄）

另一方面，这通唐碑也是目前唯一发现的有关唐代中印交通及王玄策出使天竺事件的文字实物史料，对于廓清历史上许多悬而未决的问题有着重要的意义。例如关于由唐去往印度的路线，“两唐书”、《大唐西域记》及唐代的许多史料中均未提到其中由吐蕃至尼婆罗（即今

吉隆古村落一角（张鹰摄）

尼泊尔）达天竺的具体经由之路，唯有释道在宣在其《释迦方志·遗迹篇》中记载有所谓“中道”经吐蕃国之西可抵达北印度尼婆罗国。从石碑发现地所处的地理方位上推测，很有可能便是处在道宣所言的这条“中道”之上，这对研究古代中印交通路线的开通与变化发展，无疑也是宝贵的实地材料。另外，在有关唐代使节王玄策出使天竺的路线、时间、随行人员、外交目的等一系列重要的学术问题上，过去学术界长期以来聚讼未决，争论不一。随着这通石碑的考古发现，都可望取得新的研究进展。

吉隆为西藏古史记载中“芒域·贡塘”的统治中心，历史上从来即为吐蕃南界的重要关隘。据藏文史料的记载，早在吐蕃王朝松赞干布时期，与南亚尼泊尔、印度的文化交流，主要也是通过这条西南通道进行的，对这一地区所作的考古调查表明，古代吉隆在吐蕃时期已成为当时吐蕃西南政治、经济、文化的一处重要据点，藏文文献《西藏王臣记》等还记载唐文成公主曾在此修建过镇边古寺“降真朱不拉康”。根据对文成公主生卒年代的考订，显庆三年唐使王玄策等最后一次出发天竺时，文成公主尚应在世。因此王玄策等在吉隆山口建立碑铭，勒石记功，绝非偶然，这不仅反映出古代吉隆山口所具有的重要的历史地位，也从一个侧面反映出这条古道的凿通，是情同手足的藏汉两族人民长期以来共同携手、开发建设祖国边疆的必然结果。

原载《中国西藏》1994 年第 4 期

揭开古老象雄文明的神秘面纱
——象泉河流域的考古调查

霍巍　李永宪

穹隆银城祭坛中出土的双面神像（霍巍、李永宪提供）

西藏阿里境内的象泉河以其源头的山谷形似象鼻而得名，藏语称为“朗钦藏布”，它发源于噶尔县门士乡，往西经札达县流出国境进入印度，在印度境内的一段称之为萨特累季河（又译为苏特累季河），在巴基斯坦境内同奇纳布河汇合成潘杰纳得河后注入印度河，是印度河上游的主要支流，全长1450公里，流域面积达40万平方公里。

象泉河北岸新新调查发现的石窟地点（霍巍、李永宪提供）

象泉河流域是西藏西部最为重要的古代文明发祥地，历史上著名的象雄王国（汉文史书称其为“羊同”“女国”等）、古格王国都曾以这一流域为中心创造过辉煌灿烂的文化。由于这一流域与南亚、中亚紧相毗邻，因此也成为中外文明交流的一个十字路口，历来被国内外学术界高度重视。从 20 世纪二三十年代以来，以意大利藏学家 G・图齐为代表的外国学者开始在这一区域内进行考古调查，但在 50 年代初期以后，由于客观条件的限制，这一地区的考古工作基本上处于停顿状态。直到 20 世纪 70 年代末至 80 年代初，中国学者才重新进入到这一区域开展考古工作，相继取得了佛教时期的古格故城考古、托林寺考古、皮央・东嘎石窟寺考古等一系列令人瞩目的考古新成果。

在国家文物局边疆考古专项资金的资助下，由四川大学中国藏学研究所、四川大学考古学系与西藏自治区文物局联合组成“象泉河流域考古调查队”，于 2004 年 6—8 月赴象泉河流域对中方境内沿岸文物古迹进行了调查，在以往工作的基础上取得了重大进展。

此次调查工作以象泉河发源地噶尔县门士乡为起点，西抵札达县香巴乡，主要在象泉河上游地带由东向西展开，新调查发现石器地点、大石遗迹、古代墓地、岩画等各类前佛教时期遗存以及石窟壁画、寺院遗址等佛教时期遗存 17 处，复查既往发现的文物点 11 处，获取了大量重要的实物资料，对于全面、系统地认识这一流域各个历史发展阶段考古文化的面貌具有重要意义。其中，尤其是对这一地区前佛教时期各类考古遗存的发现，对于揭开历来文献记载不详的古老象雄文明的神秘面纱，迈出了极为重要的一步。

所谓“前佛教时期”，主要是指以佛教为立国之本的古格王国成立之前的这一漫长的历史时期，约在公元 10 世纪以前。此次调查发现的前佛教时期考古遗存中，最为重要的是位于噶尔县门士乡境内的“穹隆银城”遗址群的发现。“穹隆银城”藏语称之为“穹隆古卡尔”，相传是历史上象雄王国的都城所在地，遗址地处札达盆地东缘的象泉河北岸，有名为曲那河、曲嘎河、朗钦河的三条小河在遗址南侧交汇，故小地名亦为“曲松多”。经调查队周密的调查测绘，初步查明该遗址分布于略呈北东—南西走向的长条形山顶，依地势高低和遗迹分布状况，可共分为 A、B、C、D 四个小区，遗址总面积约 13 万平方米。

A 区位于山顶地势最低的南部，东西长约 300 米，南北宽约 200 米，面积约 6 万平方米，地面相对较平缓，建筑遗迹最为集中，经编号的地面建筑共有 90 余个单位，均为由砾岩岩块或砾石砌建的地面建筑。据观察，A 区建筑依用途大致可分为防御性建筑（防墙和堡垒等）、家庭居住建筑、公共建筑、宗教祭祀建筑、生活附属设施等类型。防御性建筑均分布在 A 区山顶东、西、南三面边缘，居高凭险，由多重防墙和与之连接的方形堡垒、暗道构成；家庭性居住建筑主要分布在 A 区的东、西两端，常见为方形、圆形的多间式或单间式，部分附有圆形或近似圆形的牲圈类设施。可能具有公共建筑性质的遗迹分布在 A 区中部，其开间较大，有的依地势用砾岩岩块砌有多重阶梯。生活附属设施在 A 区主要有两类，一是附属于家庭式居址的畜圈类，二是分布在居址群中的圆形水坑，推测可能作为积蓄居民牲畜用水的蓄水坑。宗教祭祀性建筑一处主要发现于 A 区西南端，该处建筑遗址平面呈长方形，近正南北方向，依地势呈南低北高状，经发掘在遗址北端封土墙内出土有一尊青铜双面神像。A 区地势相对平缓，建筑密度最大，建筑形式和用途多样，保存的墙体相对较高，地面采集遗物较多，推测是遗址的主要生活区。

B 区位于遗址中部的西北边缘，地势高于 A 区，并与 C 区之间有一凹地相隔，东西长约 350 米，南北宽 15—50 米，面积近 1.5 万平方米。B 区地处山顶最高的西缘部位，经编号的建筑遗迹共计 13 个单位，其中主要是建在山顶崖边的防护墙、堡垒等防御性工事建筑，另在 B 区北部发现有可能与宗教礼仪活动有关的建筑遗迹和一个地道入（出）口。B 区的防护墙遗迹自西向东分布在山崖边缘，现存总长度近 300 米。据观察，原防护墙体一直是沿山崖而建，分为建在山顶地面的主墙和建在外侧崖坡下的护墙两部分，主墙及护墙皆用人工凿下的砾岩岩块和少量砾石、石板（条）砌建而成，但主墙只有一条，宽 0.6—0.8 米，现存高 0.1—0.3 米；护墙则建在崖坡外侧，根据坡度的缓陡，护墙的位置和形式（多重或单墙）亦有所不同，少数墙段还发现有插在墙体中的木桩残段，推测可能是原墙上的旗杆之类残迹。B 区东北端的一组建筑建在山顶最高处，与 A 区的居住性建筑明显有别，并且在该组建筑下发现有早期的文化层（灰土），推测其相对年代晚于遗址的早期，其用途亦可能与宗教祭祀活动有关。此外，B 区和 C 区是整个遗址中地面砾石分布最为密集的区域，且均处于遗址的东南、西北边缘，据现场观察，可能是有意在防墙、堡垒工事附近堆放砾石，以作防敌进犯时的武器。

C 区位于遗址中部的东南边缘，地势亦高于 A 区，与 B 区基本相对，东西长近 300 米，南北宽约 30 米，面积近 1 万平方米。C 区地处山顶东北的最高部位，经编号的建筑遗迹共计 20 个（组），其中大部分是建在山顶东北边缘的防护墙、堡垒等防御性工事建筑，在 C 区西部（今小拉康附近）发现有一组可能具有宗教礼仪功能的公共建筑。C 区防御性建筑的分布，先是自东向西，再转向由南向北，形成一个“L”形建筑群，现存总长度 200 多米，其中编号为 04KLCSl3 的遗存是一处较为典型的堡垒与防墙相结合的建筑，另在崖坡外侧亦发现有多重护墙遗迹。

D 区位于遗址的最北端，与 A、B、C 三区不同，遗址的 D 区是在高程略低的另一个山丘顶上，且遗迹相对少得多，经编号的建筑遗迹仅 8 处，全部为防御性工事建筑，其中 04KLDS8 是一处带防墙的多间式堡垒，附近有一圆形水坑，可能是作为较长期居住的一处防守营地，从整体上看，D 区应是这处大型聚落遗址镇守北部的防御重地。

遗址除山顶的 A、B、C、D 四区之外，在山体崖坡下亦保存有少数防墙遗迹和可能通向山顶的暗道口。尤其是 B 区北端的崖坡下，用砾岩岩块沿山坡砌建有数道护墙，建墙的岩块修整整齐，比较讲

发掘出土的石棺墓地（霍巍、李永宪提供）

究。由此可见，琼隆银城遗址军事防御设施和城堡的规划建筑事先显然经过周密布局安排。

在穹隆银城遗址地面采集到的文化遗物主要有：夹砂红褐陶器残片若干；多种形状的磨石、石臼、石片等石器；铁甲残片；铜口器残件；料珠等装饰品；骨料及骨器残件等。大部分遗物采自遗址A 区，D 区未见遗物。

与穹隆银城遗址共存的另一处大型遗址是泽蚌遗址，该遗址位于穹隆银城遗址山脚下曲那河谷西岸的一级台地，其东紧临曲那河，其西与曲那河二级台地相连接，遗址的南、北两面为河谷狭窄的入口，遗址正好选择建在河谷的宽谷台地上。据初步调查，该遗址分别由居住聚落、列石遗迹、墓葬群等不同遗迹组成，占地范围南北

泽蚌列石遗迹（霍巍、李永宪提供）

长约 1300 米，南北最大宽 500 米，分布总面积近 60 万平方米。

居住遗迹是泽蚌遗址的主要部分，集中分布在遗址的中部、南部的河流一级阶地上，大体上呈南北一线排列。居址建筑显然事先经过周密规划，成组布局，形成错落有致的房屋群落，其中以遗址中心部位编号为第 6、12、13、14、35 等组房屋建筑遗迹规模最为宏大。以第 6 组房屋建筑遗迹为例，由大小近 20 间房屋以及火灶、石台（坛）、石框等构成，在总体建筑布局内形成不同用途的功能区。房屋形制主要以方形、长方形为主，各类房屋皆在地表遗有明显的石砌基础的残痕，均采用砾石砌建，从遗址所处自然环境分析推测，这些建筑用材均就近取自曲那河谷河滩上的天然砾石堆积层。在主要建筑组群的周边，还散布有一些相对规模较小的建筑遗迹，形制除有方形之外，还有圆形以及不规则形等，推测后者可能系搭设帐篷等遗留下来的痕迹。

在遗址的东部近二级台地处，发现有大小不等的土坑，形制有圆形、椭圆形、不规则形等，从其分布在建筑遗址周边、具有一定规模等特点，推测或有可能系当时人们用以蓄水的水坑之类遗迹。

墓葬是该遗址内另一重要的门类。从目前的调查情况看，墓葬主要分布在居住遗址的南、北以及西南部。从墓葬的规模上划分，既有规模巨大的大型积石墓，也有形制较小的积石墓葬。其中，尤其以编号为 M2 的一座积石墓体量最为宏大，该墓全部采用天然砾石人工垒砌，砾石之间可能采用泥土作为黏合剂，大体上可分为石基础及墓丘两个部分。石基础形制呈长方形，长 62 米，宽 17.3 米，逐层向上收分，形如梯形。在石基础之上再垒砌墓丘，因早年盗掘破坏严重，墓丘已基本不存，并形成向下的巨大盗坑。墓葬现存高度约 3—6 米。在该墓的西部（背面）位置，发现有石砌成的门道样遗迹。此外还用砾石砌建有三座圆形或近圆形的石台，推测后者的用途可能属于祭台或祭坛一类建筑。编号为 M1 的另一座积石墓体积次于 M2，但也基本上可以归入大型积石墓。此墓平面形制呈梯形，顶边长 28 米，底边长 24 米，两腰分别长 31 米和 31.5 米。垒砌方式与 M2 相同，也采用天然砾石层层收分叠砌成墓葬基础，其上再砌墓丘，墓丘现亦被盗掘破坏，形成 4 个巨大的盗坑。墓葬现残存高度 2—5 米。遗址内的小型积石墓主要集中分布于遗址的南部，成群分布，多呈东南—西北方向排列，墓葬多为边长 1.3 × 1.5 米，采用砾石砌出边框，其残存于地表部分的石框基本与地表平齐。

此外，在遗址内还发现有石砌的石台（石坛）多处，如编号为 66 的一座石台，形制呈长方形，在石台的一端有凸出的圆形台坛与

穹隆银城山顶部墙体遗存（霍巍、李永宪提供）

石台相接，其用途或与某种特殊的祭祀礼仪活动有关。泽蚌遗址的东端紧临曲那河岸边，遗有一座列石遗迹，遗迹的基本形状为平面略呈梯形的石框，在石框的西边框及南边框上各树立有长条状的石条，大部已残断，但仍有两根立石的长度在 1 米以上。在遗址地表采集到部分残陶片。

出土遗物中，穹隆银城遗址编号为 04KLAS66 的一处可能属于祭祀遗址中发掘出土的一尊双面青铜神像造型奇特，上身赤裸，两乳突出，呈跪坐状，一手扶膝，一手向上举持器物（因残破过甚无法详辨），其头部前后两面均有面孔，五官粗犷，面容狰狞，具有西藏西部地区前佛教时期造像的显著特点，明显有别于佛教时期的造像，初步推测其很可能与西藏原始宗教——苯教的神灵有关，并在一定程度上受到印度湿婆教系统神像风格的影响。

在穹隆银城遗址的周围，还调查发现有地名为拉托、曲松果的两处大型墓地，各有数以百计的墓葬，表面多以石丘为墓丘，经试掘的几座墓葬均以石块砌成石棺。墓地和遗址的附近还发现多处石器地点，采集到大量石器标本，表明这一区域早期人类活动十分密集和频繁。

穹隆银城遗址出土铁器（霍巍、李永宪提供）

象泉河上游以穹隆银城为中心的大型遗址群的调查发现，对于推动西藏西部“象雄时代”的考古研究意义重大。据汉、藏史籍的描述，象雄王国建国历史悠久，疆域辽阔，兵力强盛，以苯教作为国教，有自己独特的文字系统，曾先后建立过不同的都城与城堡，并设立大臣分掌国事。直到公元7世纪吐蕃王朝赞普松赞干布发兵击灭象雄王国之前，

穹隆银城遗址中出土的石器（霍巍、李永宪提供）

象泉河上游发现的打制石器（霍巍、李永宪提供）

象雄一直是雄踞于西藏西部和北部高原的一个强大部落联盟。但是，长期以来并没有相应的考古材料与文献相互印证。此次调查发现的“穹隆银城”遗址群，至今为止当地苯教高僧仍将其奉为象雄王国王子的诞生之地加以崇拜，穹隆银城这一古老的地名也曾见诸藏文史书的记载。从遗址表现出的时、空特征而言，其属于象雄王国时代遗存的可能性不容低估。遗址内发现的规模如此巨大的城堡式建筑、巨大的积石墓丘、众多的居民聚居区和形式多样的祭祀遗迹等迹象，都暗示出其作为政治、文化、军事统治中心所具备的强大功能。当然，要最终证明其为象雄王国时代的都城，还需要做进一步的研究探讨。

除此之外，此次象泉河流域还新调查发现和重点复查了一批佛教时期的石窟寺与寺院遗存，其中新发现的桑丹石窟寺壁画不仅保存状况良好，而且与过去发现的帕尔嘎尔布石窟壁画具有相同的印度波罗艺术风格因素，弥补了西藏西部佛教石窟壁画从克什米尔艺术风格向波罗艺术风格发生转变的一个重要的缺环。古格香巴一带新发现的几座佛教石窟壁画其年代初步推测可从11—15世纪，对于认识古格王国佛教艺术不同阶段的发展演变脉络，也具有重要的学术价值。

在近两个月的野外调查中，由汉、藏两个民族组成的调查队不畏艰难险阻，在平均海拔达4500米的高原上顶狂风、斗烈日，风餐露宿，战胜了严酷的自然环境带来的诸多困难，其中一些石窟地点甚至是队员们冒着生命危险，利用登山器械攀登悬崖峭壁成功才得以发现的。目前，这批新的考古材料已经开始进行室内整理，按照国家文物局文保司的统一部署，该项目预计将在2005年内结项，并完成象泉河流域考古调查报告初稿的撰写工作。

原载《中国西藏》2005年第1期

传统天文历算学研究的历史与现实

黄明信　银巴

西藏天文历算学，发展至今已有两千多年的历史，它是藏族人民在长期生产实践和社会生活中创造出来，并在此基础上吸收了国内外其他民族的相关学科成果发展起来的。其历史悠久、文献丰富、自成体系，千百年来在藏族人民的生产和生活中起着重要的作用。历史上曾出现过众多天文历算学家，极大地发展了天文历算学，逐渐形成了浦尔派和粗尔派等多种历算学派。

西藏的历法具有鲜明的特点，在世界历法之林中独树一帜，占有很重要的地位。历史上曾先后颁布发行过萨迦历书、粗谰历书、敏林历书、八蚌历书、门孜康历书等，而其编制也进一步趋于完善。公元 1916 年拉萨门孜康成立后，发行了以《敏林历书》为蓝本的《门孜康历书》，天文数字的计算和编写方法主要依据浦尔历算经典

西藏自治区藏医院天文历算研究所的学者在研究新一年的历算

《历算总论白琉璃疏》一书，吸收了各派历法的精华，赋华丽的诗文于其首，插精美的图画于其中，以木刻版发行于西藏及其他藏区乃至部分邻国，其形式也符合藏民族的传统习惯，所以深受广大农牧民及各界群众的欢迎，享誉四方。在当今现代天文、天体物理、气象等高度发达的现代社会，依据西藏天文历算学原理编写的西藏气象历书在西藏高原上仍然起着重要的作用，发行到西藏、青海、甘肃、四川、云南等省（区）的各个藏族地区和不丹、尼泊尔等邻近高原，每年的发行量达到十几万册，深受广大农牧民群众的欢迎，在人民生活中有着举足轻重的地位，在指导农牧业生产和气象预报等方面均有重要的参考价值。

现在国内外对于藏族文化的研究都非常重视，语言、文学、历史、宗教、社会、经济、艺术、医药等等，许多方面都有人在进行研究，近年来研究的成果也越来越丰硕，呈现出喜人的景象。但是在天文历算方面进行深入探索的学者却不多，究其原因是多方面的：一、人文学科的学者们以为天文历算是非常专门的学问，需要高深的数学和天文的深厚根底，以至望而生畏，不敢问津。二、自然科学的学者们，受到语言文字的限制，无从下手。即便找到一般的藏语翻译，由于译者没有专业知识，难以如实地、准确地转达原意，研究也很难深入下去。三、藏文历算著作的传统写法是一种口诀式的，其目的是便于背诵、记忆。由于每句的音节数目必须相同，难免有缩减之处，其中又夹有大量代用的藻词、异名，因而难于理解。如果不是经过老师的口头讲授，再经过自己的实践，即便是藏文水平较高的人，也很难入门。四、有些人认为现在已经有了现代科学的、精密的天文学，藏历已是过时的、落伍的东西，不值得再去学习和研究了，他们不懂得研究民族传统文化的意义和价值。由于这些原因，藏历在长时间内没有被系统地、全面地加以介绍，从而使人们产生一些误解，有的人以为它基本上就是汉历，没有多大的不同；有些人看到藏历新年与汉族的农历春节有时相同，又有时不同，不知其所以然；有些人看到藏历的某些特点，尤其是“重日与缺日”，而不明白其历算学上的意义，再加上这些特点常常被卜算、占星所利用，就以为都是迷信的东西，没有研究的价值。

1979 年，黄明信先生参加了《藏汉大辞典》的编写工作，由于工作的需要，编写组里正好有一位精通藏历的桑珠加措先生，于是向他学习了普遍采用的藏历的基本教材——拉加寺襄佐松热罗卓达吉所著的《白琉璃、日光论两书精义聚众法王心要》(简称为《时轮

唐卡中的天体运行图

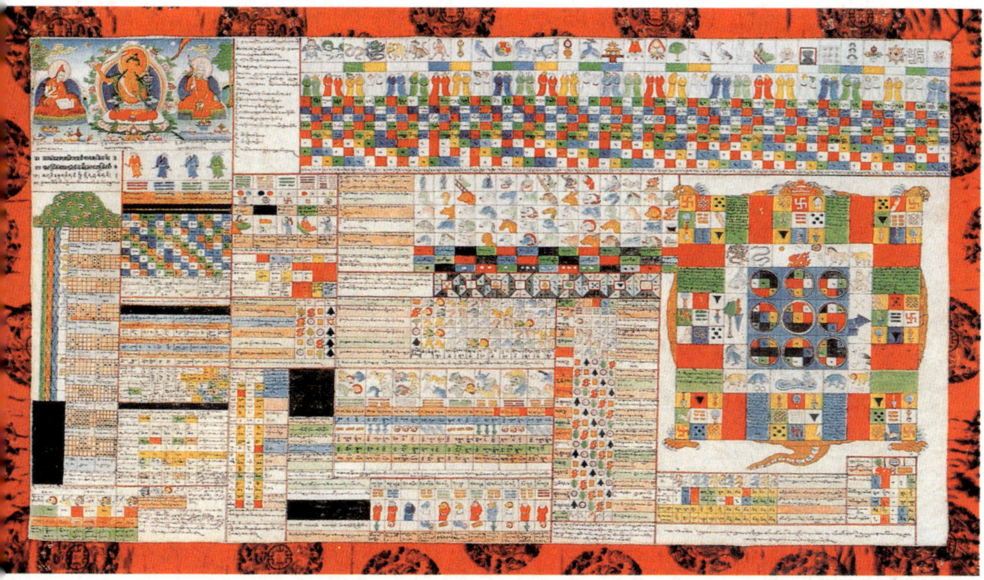

天文历算唐卡

历精要》)。按照其所给的公式和数据做了一个日食和一个月食的实际演算，证实了自己的理解不错，然后把它翻译成汉文，从中国科学院自然科学史研究所请来了专家陈久金先生，对之作出了现代天文学的解释，其后又学习了藏传时宪历，这才真正摸清了藏历的基本情况。先在西藏社会科学院的期刊《西藏研究》上用汉藏两种文字发表了几篇论文，得到了汉藏两族学者的认可，然后把这些成果汇集成《藏历的原理与实践》一书，1987 年由民族出版社出版，填补了这一研究领域的学科空白。初版只印了 1300 册，不久即售罄，又加印了 4000 册，对于这样偏僻的学科，居然有这样多的读者，是始料不及的。不过其重点在于日月食的推算，对于一般的读者来说，内容比较深奥。1994 年黄明信先生又写了一个科普性的小册子《藏历漫谈》，其后又应青海人民出版社之邀，写了一本《西藏的天文历算》，篇幅大小介于前两者之间，内容除增加“藏历典籍经典录”之外与前者基本相同。

1987 年以后，黄先生对藏历没有做更进一步的深入研究，但是前几年他发现许多很重要的辞书，包括在全世界负有盛名的《不列颠百科全书》，至今仍在谬种流传。因而又写了一篇文章，刊登在《中国藏学》2006 年第 2 期上。在这篇文章里通过对这些错误说法的驳斥，阐明了西藏传统天文历法的基本面貌。以上是国内学者用汉文进行研究的一些情况，总之，除了黄明信先生和陈久金先生以外，国内学者基本上无人涉足西藏天文历算的原理研究（指用汉文）。

从常规来讲，天文历算学的研究领域应是纯天文和历算方面的，但由于西藏特殊的历史文化背景，以及所处地理环境的影响，西藏天文历算学的研究领域较广，不仅包括了五大行星运动值的推算，闰月和重缺日的设置、日月食的预报等，还涉及依据天文历算学原理推算各地适宜的农耕牧作时机、物候、节令、人体脉象变化周期，特别是中长短期天气预报等，研究内容辐射到多个相关学科领域。每年由藏医院天文历算研究所推算编制的藏历历书基本上包括了上述内容，因而可以说“西藏天文气象历书”是天文历算研究成果的一种特殊表现形式。

历史上曾经于 1921、1938、1947 和 1957 年先后 4 次在钦热罗布大师的主持下组织各地的天文历算学专家集中对藏历历书的有关内容和体例进行了深具影响的研讨和匝定工作。

1960 年西藏实行民主改革后的几年内，天文历算工作得以继续开展，从 1966 年开始，由于受“文革”的影响，天文历算工作中断近 7 年之久。1972 年底，各项工作重新恢复后，在西藏自治区人民政府的要求下，藏历历书的编制和出版又重新步入正轨。

1978 年 4 月，藏历编辑室组织人员编写了《西藏星算天象基本知识》一书，由西藏人民出版社出版发行了 10000 册；1983 年 4 月，时任天文历算研究所所长的次称曲觉先生编写了《天文星算发展简史》一书，由西藏人民出版社出版，对普及藏历知识起到了很大的作用。

为了更准确地编写藏历历书，天文历算研究所和西藏天文历算学会每隔两三年都要组织专业人员下乡深入到西藏的农牧区各地，了解藏历历书的使用情况，考察藏历历书中有关天气预报、农耕牧作时间、各种节气时令、自然灾害预报的准确性，并对有些内容进行必要的更正和调节，使藏历历书更好、更准确地为人民群众的生活服务，为农牧业生产服务。

每 12 年进行一次大规模的数据运算是门孜康的传统，1987 年 8 月，由西藏自治区藏医院天文历算研究所牵头，召集日喀则、山南、那曲、阿里、昌都地区藏医院天文历算专家共 20 余人，对公元 1989—2000 年间的天文历算学基本数据进行了统一计算，使 1989—2000 年间藏历历书的编制有了科学的依据。

时至 1998 年，上一轮运算数据已基本用完，新一轮 12 年的数据运算已势在必行，此事关系到未来 12 年藏历的编制工作，事关重大。藏历的编制首先要立足于科学的数据运算，没有科学的、准确无误的基本数据作为依据，藏历的科学性与准确度也就无从谈起。为了确保计算工作的准确性，此轮计算工作采取了人工计算和电脑编程计算结合对照的方法。特别是在电脑编程计算方面，利用银巴同志从 1993 年开始研制的用 QUICKBASIC 语言编制藏历基本数据计算程序，完成了藏历体系派五要素、作用派五要素、太阳日五大行星运动值等藏历基本数据，实现了人工计算和电脑计算结果的对照。微机投入此项工作也算开了先河，意义深远。

1985 年，天文历书研究所完成了《第十七绕迥时迥轮历精要补编》一书的整理和编写任务。该书于同年 6 月，由西藏人民出版社出版，8 月份，荣获西藏自治区科学进步二等奖。

1988 年，西藏天文历算学会名誉会长、西藏著名天文历算学家桑珠加措先生编写了《藏历运算大全》一书，1990 年由中国藏学出版社出版，并先后在甘肃、青海、四川、北京等地举办了多种形式的历算培训班，普及了西藏天文历算学知识，培养了许多后继中坚人才。

1991 年，天文历算研究所的银巴编写了《三十年藏历》一书，其中包括了 1991—2020 年间的藏历日序数、藏历重缺日、公历日期序数、农历日期序数、星期序数、二十四节气等，该书于 1993 年 9 月由四川民族出版社出版，发行了 10000 册。

1993 年，在西藏自治区藏医院天文历算研究所的牵头组织下，由强巴赤列先生任主编，慈诚坚赞先生任副主编，成立了《西藏藏历学大全》编写委员会，组织了共有 21 人的专门编委会，正式开始编辑工作。约 600 万字的《西藏藏历学大全》一书于 1995 年底编写完成。1999 年 8 月由四川民族出版社正式出版，在其出版之初便荣获全国优秀藏文图书一等奖；1999 年 9 月，再次荣获中华人民共和国新闻出版署颁发的中国图书最高奖——第四届国家图书奖；2000 年 6 月，荣获西藏自治区科技进步一等奖。

由于社会和时代的不断变化和发展，不同读者对历书的需求也有所变化，为了适应这种发展变化，满足一部分读者的需求，从 2000 年开始，西藏天文历算研究所开始编写《藏历简明历书手册》，该手册查阅方法简单，内容简要概括，携带也很方便，受到了广大

高级佛学院中的历算班

西藏自治区藏医院天文历算所的学者在研究新一年的历算（土登摄）

读者的广泛喜爱。

2001 年 3 月，根据西藏自治区政府的要求，天文历算研究所的银巴和阿旺桑步两人合作，开始编制《西藏万年历》，至 2002 年 8 月全部完成。该书包括了公元 1 年至公元 2050 年共两千多年间藏历体系派和作用派的日期序数、藏历重缺日、公历日期序数、农历日期序数、星期序数等。这项工作如果用传统历算计算工具沙盘结合最快的运算表格进行计算的话，一年只能推算出 226 年的基本数据，依次类推，计算 2000 年间珠孜（体系派）和杰孜（作用派）的基本数据则需要 17.7 年的时间，所需时间、费用、人力都很多，但准确性很难保障。他们采取的办法是利用银巴编写的计算机处理软件，将藏历的数值倒推至公元 1 年，然后以公元 1 年为历元进行数据推算和输出，速度快、精确度高。

至于国外的研究，以前我们只见过德国人舒迪特 1973 年用电脑做出来的 1027—1971 藏历西历换算表，但是国内不易得到，而且止于 1971 年，对其具体内容和准确与否，我们没有做过研究。听说别的国家的藏学家也有藏历方面的研究成果，但由于没有交流机会，具体内容不得而知。

原载《中国西藏》2007 年第 4 期

雪域梵华昭京城
——北京的藏传佛教古迹

魏文

自从元代以来，以北京为中心，汉藏之间的政治、经济和文化交流一直不曾间断，而且历代皇室要么出于祈福延寿的信仰诉求，抑或是出于稳定边疆的政治考虑，在这种频繁的交往之中总是扮演着一个积极的角色。众多高僧大德纷至沓来，从遥远的雪域高原或茫茫草原深处来到北京，或是朝觐弘法，或是寻求庇护，来往穿梭于北京和藏区之间的喇嘛僧人更是不计其数，他们对于北京这座古都似乎是那么地心驰神往、流连忘返。因此，不难想象数百年间他们在北京的活动会给这座古都留下多深的印记，而这些印记在古都的历史光谱中又曾闪烁着多么奇异的光芒。时至今日，虽已时过境迁，然而历经岁月洗礼后的北京大地上仍然留下了很多当年的遗迹，默默地印证着那一段过往的辉煌。

权力巅峰的时代——元朝

藏传佛教作为雪域高原特定环境下产生的，具有本民族特色和地域特性的宗教信仰，结合了西藏本土的原始崇拜和来自印度和中原两地的佛教思想，而又深受印度教信仰的影响。自公元 1247 年蒙古王子阔端与萨迦派高僧萨迦·班智达贡噶坚赞在凉州进行会晤之后，西藏正式纳入中央政府行政管辖，成为我国多民族多元文化大家庭中不可缺少的一员。同时藏传佛教信仰也得到了蒙古皇室的认同和支持，成为大元帝国的国教。萨迦派昆氏家族的历代掌门或弟子一直承袭着帝师的称号，作为皇帝的最高宗教顾问，统领天下释教，为皇帝赐曰“皇天之下，一人之上”，可谓权倾朝野，位极人臣。可以说，在元朝时期藏传佛教的地位是如日中天，盛极一时的。根据元代熊梦祥《析津志》的记载，在当时称为大都的北京，帝王出于个人信仰的追求，不惜靡费巨资，兴建了很多大型的皇家藏传佛教寺院，作为祭祀逝去皇帝的“原庙”，如大承华普庆寺、南梁河寺、青塔寺、黑塔寺、高梁河寺、

福佑寺位于西城区北长街北口路东，建于清顺治年间，传为康熙的避痘处或幼年读书处。雍正元年（1723）改为宝亲王弘历（乾隆）府第，但弘历并未迁入，登基后改为喇嘛庙，名福佑寺，民间多称雨神庙。民国十六年（1927）改为西藏班禅驻北平办事处。1950 年代后一度作为班禅驻京办事处。福佑寺现存四大天王塑像是清代前期少见的优秀彩塑，其中手持伞盖和吐宝兽的多闻天王是藏式北方天王像。图为福佑寺天王殿多闻天王。（谢继胜摄）

妙应寺白塔位于西城区白塔寺，始建于元代至元八年（1271），后为至元二十五年（1288）建成的元大都圣寿万安寺中的佛塔。至正二十八年（1368），万安寺毁于火，白塔独存。明代重建后万安寺改称妙应寺。白塔为元代流行的藏式覆钵塔，由尼泊尔人阿尼哥设计建造，砖石结构，高约 51 米。塔的外观由塔基、塔身、相轮、伞盖、宝瓶等组成。是元代北京的标志性建筑。图为白塔。（谢继胜摄）

居庸关过街塔是原居庸关城过街塔云台的基座。云台最早建于元代至正二年（1342），用白色大理石砌成，中有可以行车的券洞。台上原有三座石塔，故名过街塔，是元代流行的藏传佛教建筑样式。云台的券门和券洞内满布精美的石刻浮雕，券门顶至两侧有迦楼罗等六拏具、交杵金刚等。券洞内两壁的四端刻四大天王像、五方佛，及用汉、藏、梵、八思巴、西夏、回鹘六种文字刻的陀罗尼经咒。券顶刻五方佛坛城。图为居庸关券洞壁五方佛之一。（谢继胜摄）

大承天护圣寺、大圣寿万安寺等，又于长城居庸关大都通往上都的大道上修建了一座具有精美浮雕的过街塔。唯元末多为天灾战火所及，多数已化为瓦砾尘土，只剩下大圣寿万安寺一座辉煌的大白塔和居庸关过街塔，仍然屹立至今。

白塔是北京城的标志性建筑，位于北京西城区阜成门内大街北侧的妙应寺内，根据熊文彬先生考证，当建于元世祖至正十六年，也就是公元 1279 年。形制为覆钵样式，是目前中国内地已知的最古老的藏传佛教遗迹，也是体型最为庞大的一座覆钵塔。白塔建于高台之上，高约 51 米，为砖石结构。下具双层须弥台座，塔瓶肥硕饱满，塔刹十三天部分呈上尖下宽的锥形，顶部为宝瓶式塔顶，皆为典型的元式做法，整个白塔高大宏伟，蔚为壮观，富于形体美感，给人带来一种强烈的视觉震撼。

在大圣寿万安寺白塔完工的 53 年后，也就是后至正二年（1342），居庸关过街塔也开始了营建工程。关于兴建此塔的初衷，在明代著名文人欧阳玄奉敕所撰的过街塔铭中有所表露：居庸关所通大道是连接元朝南北两京的必经之路，每年圣驾“频岁行幸”，必经此来往于两地，同时也是沟通长城内外的交通要道，所以笃信佛教的元顺帝为了“下通人行，皈依佛乘，普受佛法”，所以下令大丞相阿鲁图、左丞相别儿怯不花和帝师贡嘎坚赞贝桑布修造了这座精美异常的过街塔。如今，这座过街塔只剩基座而无佛塔了，而最为珍贵的是基座满刻的密宗题材的图像和塔铭，是北京现存唯一的元代藏传佛教雕塑作品。门楣雕刻有标准的六拏具图案，形象姿态各异，充满动感和活力。门洞内顶部壁面刻有五铺巨大的曼荼罗，刻画精细入微，异常华丽。其下东西两壁上部浮雕有十方佛，下部具贤戒千佛、六体文字对照塔铭以及四大天王像，是居庸关过街塔雕塑中最为华美的部分，装饰纹样华美精工，人物刻画生动自然，线条流畅，或威武英猛，或入定静禅，动静皆宜，仪态万千。从整体上看，居庸关过街塔将 14 世纪萨迦派风格与汉地艺术风格完美地结合在一起，体现了雕塑家高超的工艺技巧和极深的审美素养，代表了 14 世纪中叶佛教雕刻艺术的最高成就。

多封众建的时代——明代

公元 1368 年，以大都陷落和元帝北遁为标志，明王朝彻底推翻了元帝国的统治。这个新兴的汉族士大夫统治集团认为元帝佞佛无度荒废朝政是导致其亡国的根本原因，进而主张以儒术治理天下。所以藏传佛教在当时广为世人诟病，直到永乐皇帝登基，藏传佛教在内地的发展才迎来了一个复兴的契机。

永乐帝常年驻守北京似乎对藏传佛教颇为留意，即位之初即盛邀五世噶玛巴活佛得银协巴来南京弘法祈福，公元 1421 年迁都北京之后，皇室出于稳定边疆的政治目的和个人信仰的诉求，在西藏推行多封众建的政策，对西藏僧人屡加恩赏，不遗余力地推崇藏传佛教。永乐朝以后百年间的几位皇帝更是沉溺其间，以致因为朝廷对藏僧封赏无度导致国库常年亏空，直到明中叶嘉靖皇帝抑佛重道方告一段落。可以说，在整个 15 世纪之间藏传佛教在内地特别是北京得到了空前的发展，西藏艺术风格也得到了普遍的欢迎和接受。在皇室和内府太监的倾力资助下，在北京城内外修建了大量的佛教寺院，至今仍留下了很多弥足珍贵的历史遗迹，其中很多都可以清楚地看到西藏艺术风格直接或间接的影响。现存较完整的有西山的大觉寺，东城区的智化寺、西直门外的真觉寺金刚宝座塔等。

西山大觉寺位于旸台山南麓，是一座有着千年历史名扬天下的古刹，原名清水院，明宣德三年（1428）宣宗皇帝奉母命重修，并改名大觉寺以居高僧智光和尚。其后又在正统十一年（1446）和成化十四年（1478）大修，最终形成了现在我们看到的这个格局。现存大觉寺的两座主殿皆是明代遗构。内皆有极其精美的明早期佛造像，鲜明地体现了 15 世纪藏汉交融的风格特征。其中大雄宝殿正间主供有木质漆金三世佛像，原供于智化寺智化殿中，当是正统年间的

西山大觉寺位于北京西郊旸台山南麓，始建于辽咸雍四年（1068），金代为皇家行宫，后改名灵泉寺，明宣德三年（1428）重建后改称大觉寺。元末明初大觉寺住持、精通藏汉文字的高僧智光（1348—1435）曾于永乐四年（1406）往迎次年被封为大宝法王的西藏哈立麻（噶玛噶举黑帽系第五世活佛得银协巴）到南京；智光仁宗时受“灌顶广善大国师”称号，英宗加封“西天佛子”“大通法王”。图为大觉寺移自智化寺的三世佛。（谢继胜摄）

作品，高大疏朗，素雅静穆，装饰简朴，体态健美，颇具正统时期佛教造像的风貌。正间后倒座间北向供有3尊金漆菩萨造像，虽然受到了很深的藏式风格影响，我们仍然能从背光的样式、佛像耳部造型、卷草纹纹样和基座的模式看到很多汉式做法。无量寿佛殿内正中主供“西方三圣”像。正中一尊华美异常的贴金无量寿佛像。头戴五叶花冠，身披天衣。遍体璎珞，臂饰宝钏。全跏趺坐于莲台上作禅定状，后具精雕细刻、繁复精能的六拏具背光。极为生动瑰丽。两侧为立姿大势至菩萨和观音菩萨，亦极为精致华美。此3尊圣像虽然饱受风雨剥蚀，但是仍然散发着富丽堂皇、美轮美奂的皇家气息，代表了15世纪早中期内地汉藏艺术圆融时期最高的艺术典范。

位于东城区的智化寺也是明代北京城一座著名的寺院，位于今天东城区禄米仓东口，始建于正统八年（1443），是明初司礼监太监王振以家宅改建而成的寺庙。现主体建筑尚还完整。其中作为智化殿东配殿的藏殿中，有一座雕工精巧的转轮藏，堪称明代藏传佛教艺术瑰宝中的一朵奇葩。转轮藏为六面柱体，其上安供一尊智拳印

真觉寺，又称五塔寺，位于白石桥东侧的高粱河北岸，寺内金刚宝座塔是我国现存最早的金刚宝座塔实物。寺始建于明永乐年间，明成祖朱棣为来京的印僧班智达修建此寺。塔建成于成化九年（1473），建筑图为印度僧人携入的菩提迦耶大菩提塔样式。清朝时因避雍正帝胤禛讳，改名为大正觉寺。塔用汉白玉建成，塔身满布雕刻，基座一周有兰札体梵文和藏文祈愿文。图为真觉寺金刚宝座塔。（谢继胜摄）

大日如来像，每面均有 45 个经橱，门楣和两侧均有木质雕造的六拏具，其图像组合于狮羊上出现了金刚力士。体现出了汉传佛教的观念，此转轮藏精工细作，韵动流畅，巧夺天工，蕴含着浓厚的西藏艺术风格。另外如来殿和万佛阁亦有保存完好的全堂佛教造像，这些佛造像虽然属汉密题材，但是我们仍然能从装饰风格、头冠样式等诸多方面感受到藏式艺术风格带来的深刻影响，特别有趣的是，在建筑平顶上还出现了十相自在，为典型的藏传佛教吉祥图案，这些都让我们能深切地感受到在 15 世纪时，西藏艺术在北京曾经多么受欢迎，似乎在北京的缙绅仕宦之间对于西藏艺术的追捧已成为一种流行的风尚和地位的象征。

另外西直门外还有一座久负盛名的真觉寺金刚宝座塔，它始建于成化九年（1473），是根据永乐年间印度僧人班迪达自西域来京时，向明成祖所进献的印度式“佛陀伽耶塔”即金刚宝座的规式而建造的。其建筑外形可分为下层金刚座和上层五塔两部分，金刚座为方形。南北各辟一券形门，门楣均有六拏具浮雕。座基为须弥座，雕刻有八吉祥、金刚杵、四天王、梵藏对照八思巴吉祥海赞文等。须弥座上四立面为五层整齐排列着 380 座佛龛，龛中均供奉有佛像，龛门造型颇具尼泊尔艺术风格。金刚座上有 5 座密檐式佛塔，各塔皆具覆钵塔式塔顶，下为雕刻有法器、瑞兽和神像的须弥座，其上有多层密檐，每层密檐下周匝刻有小佛龛及佛像，最下层四面有浮雕佛龛，龛内各供佛像一尊，龛楣刻有六拏具图样，龛两侧为两尊立姿菩萨。特别有趣的是，在中央塔须弥座正面还雕有佛足图案。总体上看，这座金刚宝座塔的雕刻技艺是十分精湛的，立于高大宝座之上的五塔，亦给人以高耸而错落有致、层次分明的感觉。这座金刚宝座塔虽然根据印度蓝本并结合西藏艺术风格而建造的，但仍然可以看到大量汉民族特有的雕刻和建筑工艺以及审美趣味，可以说是融合了印度、中国西藏和内地的不同地域特色的佛教艺术精品。对于研究 15 世纪佛教艺术的发展具有不可估量的价值。

兴黄教以安蒙藏的时代——清代

公元 1644 年，肇自东北的清八旗军队进入了北京城，宣告了一个新王朝的诞生。早在清军入关以前，在和硕特蒙古军队的支持下，格鲁派（黄教）就已挫败了西藏各个教派和贵族势力，取得了优势，建立了以五世达赖为首的甘丹颇章政权。同时格鲁派也与后金统治者建立了联系，所以清朝统治者对于藏传佛教并不陌生，而且他们深深地认识到，拉拢在西藏如日中天的格鲁派，对于稳定清王朝的西部边疆将会发挥多么重要的作用。因此，在清朝在中原还未立稳脚跟时就连续 3 次派人进藏邀请五世达赖来北京访问，并终于促成了 1652 年五世达赖的北京之行。其后清王朝与西藏关系迅速升温，康熙年间著名的蒙古活佛哲布尊丹巴来到北京寻求政治避难，也得到了清王朝极高的礼遇。

公元 1780 年，六世班禅来京为皇帝祝寿标志着内地和西藏之间交流和关系的稳定达到了一个全盛时期。清朝皇帝一方面以中央王朝的名义尊崇格鲁派，同时也向蒙藏摆出一种姿态，使得自己不单只是扶助格鲁派的最高世俗领袖，同时也自称为文殊菩萨的转世，赋予自己同达赖、班禅同等地位的神格，倾力投入北京的藏传佛教文化建设，将北京塑造成一个拉萨以外新的藏传佛教圣地，借此加强北京对于蒙藏地区的向心力，以维护清王朝的统治地位。因此，清代北京城的藏传佛教建设又一次进入了繁盛期，留存至今的遗迹也是相对较多的。如永安寺白塔、雍和宫、清净化城塔、碧云寺金

北海永安寺白塔位于北海琼岛之巅，建成后一直是北京城市的象征。顺治八年（1651）建，乾隆八年（1743）改为永安寺。主要建筑有法轮殿、正觉殿、普安殿、配殿、廊庑、钟鼓楼等。自下而上依山势而筑。白塔为砖木石结构，由塔基、塔身、相轮、华盖、塔刹五部分组成。塔身正面龛刻“十相自在图”，为章嘉国师手书。乾隆十六年（1751）在永安寺白塔前新建一座呀们达噶殿（善因殿），为仿木结构的琉璃亭阁式殿堂。殿周围墙壁上镶嵌有小琉璃千佛。（谢继胜摄）

雍和宫是北京最大的藏传佛教寺院，建于康熙三十三年（1694）。原为清第三代皇帝雍正即位前府邸。雍正三年（1725）改为行宫，乾隆九年（1744）改为藏传佛教寺院。雍和宫是由三座精致的牌坊和雍和门、雍和宫殿、永佑殿、法轮殿、万佛阁和绥成楼、“四学殿”（药师殿、时轮殿、密宗殿、讲经殿）及从殿与配殿构成。建筑样式融合了浓郁的西藏建筑风格。图为雍和宫永佑殿外景。（谢继胜摄）

刚宝座塔、颐和园后山须弥灵境、香山昭庙等。

永安寺白塔位于北海公园内的琼华岛最高处，始建于顺治八年（1651）五世达赖喇嘛来京朝觐的前一年，是在塔尔寺的第一世巴珠活佛曲结金巴嘉措的请求下修建的，是目前已知清代北京乃至中国内地最早的藏传佛教建筑。依据建塔碑文所说是这位“西域喇嘛”，希望“以佛教阴赞皇猷，寿国佑民”，因此恳请顺治皇帝立塔建寺的。此塔为一座高达 35.9 米的覆钵式大白塔。可以说是北京城内最高的一座建筑物，已成为老北京的一处标志性景观建筑了。塔基为素面须弥座，塔瓶正面开一眼光门，门内绘有巨大的十相自在吉祥图案，塔刹上有宝瓶式塔顶，铜铸伞盖一周悬挂风铃，微风拂过，铃儿叮当作响，悦耳动听。塔前还建有一座圆顶琉璃殿，名为菩因殿，建于乾隆十六年（1751），内原供有大威德金刚，民间传说是北京城的保护神。另外值得注意的是，殿内顶部满绘有大威德金刚坛城壁画，线条细腻流畅，色彩缤纷绚烂，是北京难得一见的藏传佛教壁画作品。

永安寺白塔完工将近100年后，北京又迎来了一次藏传佛教营建活动的高峰期，著名的皇家寺院雍和宫就始建于此一时期。雍和宫坐落在清代北京城的东北角，原先是清世宗胤禛继位以前居住的雍亲王府邸，于乾隆九年（1744）正式改辟为皇家藏传佛教寺院，作为蒙藏各大呼图克图在京的驻锡地和蒙古各大呼图克图金瓶掣签之所，以及专门培养蒙古上层僧人的学校，是中国内地最有名的，也是规模最大的一座藏传佛教寺庙。雍和宫主体建筑布局仍然保持着当年亲王府的规制，由天王殿、大雄宝殿、永佑殿、法轮殿、万福阁以及绥成楼等六进恢宏的大殿所组成，另有四学殿、佛仓、僧舍等附属建筑，具有汉、满、蒙古、藏多民族的艺术特色。雍和宫的佛教造像除宫内各殿内均有精美华贵的塑像以外，在万福阁内还有一座高大威严的弥勒大佛，面容慈祥，体态雍容，通体贴金，虽然形体巨大但丝毫没有笨拙之感，遍身披有宝石镶嵌的璎珞，可谓庄严殊胜。雍和宫的佛教造像体现出了康熙时期的宫廷风格以及浓郁的尼泊尔艺术风格，是清乾隆时期宫廷宗教艺术最早的实践结晶，体现了多元风格的交织与融合。它作为宫廷风格藏传佛教艺术逐步走向成熟的一个阶段性成果，为日后宫廷主持的其他藏传佛教工程奠定了基础。作为一种风格的确立有着里程碑式的意义。

始建于元至顺二年（1331）的碧云寺位于香山北侧，寺内最高点矗立着乾隆十三年（1748）建成、高达34.7米的金刚宝座塔。这是中国最高的金刚宝座塔，全部用汉白玉砌成。塔座周身满布藏式风格千佛、四大天王雕刻。塔座上建五座方形十三层密檐塔，东侧左右各安置一覆钵塔。五塔塔身皆龛刻五方佛、大白伞盖、绿度母及上师像，为乾隆时期汉藏艺术雕塑的典型样式。金刚宝座塔的塔座内安放孙中山先生衣冠冢。图为碧云寺远眺。（谢继胜摄）

颐和园为清乾隆年间修建的四大部洲、香岩宗印之阁建筑群。建筑样式仿照西藏桑耶寺布局，香岩宗印之阁象征须弥山，四大部洲环绕四周——北俱卢洲、南瞻部洲、东胜身洲、西牛货洲。在阁的东南、西南、东北、西北是代表“四智”的绿、红、黑、白四座喇嘛塔，另还有八小部洲、日台、月台。智慧海众香界牌坊用五色琉璃瓦装饰。图为颐和园众香界牌坊。（谢继胜摄）

时隔仅仅 3 年，清廷又在碧云寺展开了另一项巨大的工程，修造一座金刚宝座塔，塔位于碧云寺的最高点，建筑在高台之上，通高 34.7 米。从建筑规制上看是仿照真觉寺塔而建的，不同的是在金刚座上五塔前又筑五座刻有佛龛内供佛像的小塔。在雕刻的佛像和装饰的纹样上独具匠心，颇具特色。所雕佛像以长寿三尊为主。即无量寿佛、度母和佛顶尊胜佛母，兼具其他具有保佑平安增福延寿的神祇，如大白伞盖佛母等。另外，在金刚座前壁上雕有一行高浮雕龙头，颇为有趣，似乎也受到了乾隆时期流行的西洋风气的影响。金刚宝座上五塔雕刻的神像亦很有趣，除了中央大塔四壁雕刻了诸佛菩萨以外，其余塔四壁者皆为罗汉和侍者。在塔刹上还造有覆钵塔式样的塔顶，塔瓶佛龛内供智拳印大日如来。在中央塔前亦有和真觉寺五塔一样的方殿，四壁刻有诸佛。内部穹顶刻有梵文经咒和佛教神祇。此塔虽然为印度样式，但是建筑手法上仍然体现出汉民族特有的风格，佛像风格则深受蒙古喀尔喀造像艺术的影响，代表着乾隆初期宫廷藏传佛教艺术实践的最高水准。

颐和园万寿山后的须弥灵境，也是一处乾隆早中期修建的藏传佛教寺院建筑。大约始建于乾隆二十年（1755）。仿照西藏桑耶寺的建筑布局，整体建筑坐南朝北，建筑在四层高台上。和其他皇家寺院格局一样，须弥灵境也有山门殿、钟鼓楼、大雄宝殿，在寺院后部以香岩宗印之阁为中心，周围环以四大部洲和四色宝塔，构成一个藏密曼荼罗的格局。光绪二十六年（1900）八国联军入侵北京时对其进行了毁灭性的破坏，现仅剩各殿基址尚为乾隆时期的遗物，香岩宗印之阁故址已在慈禧整修颐和园的时候改建成了单层佛殿大成之阁，其余四大部洲和四色宝塔建筑则是在近年才刚刚恢复的。透过这些后代追慕的建筑，我们依稀可见当年金碧辉煌的盛况，也

西黄寺位于安定门外黄寺大街，建成于清顺治九年（1652），是顺治皇帝为进京觐见的五世达赖建造，五世达赖喇嘛进京后即驻锡于此。乾隆四十四年（1779）六月，六世班禅进京觐见并为乾隆祝寿时，也驻锡在西黄寺。西黄寺最著名的建筑是六世班禅衣冠塔，本名“清净化城塔”，建于乾隆四十七年（1782）。为金刚宝座塔样式，中央主塔是藏式覆钵塔。塔瓶龛刻三世佛，塔座有浮雕佛传故事，是清代汉藏艺术结合的优秀作品。图为班禅衣冠塔。（谢继胜摄）

潭柘寺位于门头沟潭柘山，是北京地区最早也是最大的寺院，民谚所谓“先有潭柘寺，后有北京城”。传潭柘寺建于西晋，唐时名为龙泉寺，金代扩建为大万寿寺，明代称为龙泉寺、嘉福寺。康熙三十六年（1697）敕赐岫云寺。图为潭柘寺金刚延寿塔，作为寺院标志的金刚延寿塔为藏式覆钵塔，建于明正统二年（1437），塔高17米，塔前两株古松犹如凤凰起舞，为潭柘寺十景之一“双凤舞塔”。（谢继胜摄）

为我们平添了许多时过境迁物是人非的唏嘘和无奈。

清净化城塔位于北京朝阳区黄寺大街，原来这里曾有两座比邻而建的寺庙东黄寺和西黄寺。西黄寺建于顺治九年（1651），作为五世达赖喇嘛来京朝觐的驻锡地，并且乾隆四十五年（1780）六世班禅喇嘛来京祝寿时，乾隆皇帝也将这里作为六世班禅冬季的临时居所。但两年后六世班禅终因罹患天花而圆寂于此，乾隆皇帝就在西黄寺最后的一进院落里为纪念他而修建了豪华庄严的衣冠塔，这就是今天我们看到的清净化城塔。是塔建筑在高台之上，虽然是五塔样式，但已经与真正的金刚宝座塔相去甚远了，四隅之塔已转化为了雕刻佛像经文的经幢，中央塔高16米，为典型的乾隆时期佛塔样式，塔基须弥座雕饰繁复，工艺复杂，刻有各种西藏和内地流行吉祥图样，束腰部分刻有一圈佛转故事图和高浮雕金刚力士，座上具四层满刻佛像流云的十字折角形金刚圈，金刚圈上为塔瓶，八个方向上各有高浮雕神像，正南向为一佛龛。龛内为三世佛，其他神像皆为菩萨立像，塔瓶上十三天覆有铜铸华盖，两侧沿十三天侧面出宝缯，为典型的乾隆佛塔做法。

八大处佛牙舍利塔位于八大处二处灵光寺北院。清光绪年间，僧人在被八国联军毁坏的灵光寺辽代古塔废墟中发现珍藏佛牙舍利的石函，函内沉香木盒上书“释迦牟尼佛牙舍利，天会七年四月二十三日，善慧书”。1957 年，中国佛教协会为永久供奉佛牙舍利，在院中新建一座佛牙舍利塔。塔高 51 米，八角十三层密檐式。塔内设佛牙舍利堂，以藏式覆钵七宝金塔供奉佛牙舍利。舍利堂以上六层，分别供奉着汉、藏、蒙古、傣各族佛教经典、塑像和法器。图为佛牙舍利塔。（谢继胜摄）

这座佛塔雕造技艺精湛异常，无以复加。虽然为藏式佛塔，但融入了相当浓厚而纯正的汉传佛教图像和汉族装饰纹样，代表了乾隆中期以后汉藏结合的宫廷藏传佛教艺术的审美趣味和风尚，是乾隆成熟时期的巅峰之作。

昭庙全称宗镜大昭之庙，位于香山见心斋旁边，建筑模仿西藏建筑样式，是乾隆皇帝为五世班禅修建的夏季行馆。与须弥灵境的遭遇一样，在1900年的那次浩劫中也受到了大肆破坏。现在除庙前琉璃牌楼和庙后琉璃宝塔尚较完整以外，庙本身建筑尚在，但已毁损严重，天井内也在民国时期改建成了西洋风格的楼房，远远望去散发出一种历史的沧桑之态，不复当年的壮丽与繁华了，不禁令人唏嘘不已。

在700余年的漫长岁月长河中，北京这座承载着太多辉煌历史的文化古都，展现出多元文化的交汇、碰撞与融合，历史的车轮难掩逝去的光辉，时至今日仍然留下了许多历史的风尘足迹。他们静静地伫立在那里，还在不断地向我们诉说着那过往的兴衰与荣辱。

原载《中国西藏》2008年第2期

西藏“天珠”的鉴别及收藏

白玛多吉

天珠为何物，它的价值如何，怎么鉴别它，目前拉萨市大店小铺里“天珠”是何物做成，产地源于哪里？对于这些，不仅内地游客是一头雾水，常花几千元甚至上万元买到一个进价仅几十元或几百元的新品；而对于西藏群众及在藏工作的汉族而言，也是人云亦云，莫衷一是。为此，笔者曾与西藏的天珠收藏者们进行过多次探

两眼天珠（土登活佛提供）

三眼天珠（土登活佛提供）

讨。参阅了国内外专家学者关于天珠的许多论著，下面愿就这个问题从收藏角度谈几点意见，以供有志于此的同仁们探讨商榷。

天珠名称的由来及天珠为何物

天珠的名称何人所取已不可求证，港澳台叫天珠，藏族叫“丝”，汉族则称“九眼珠”。藏族先民认为，天珠是神创造的超自然之物，是自然生成的或天降下来的，如果有谁说天珠是“天人合一”的工艺品，会遭到他们强烈的反对。

归纳起来，天珠来源的传说有十种：1. 天珠是像贝类海螺一样的浮游生物，喜马拉雅靠造山隆起，这种浮游生物的化石在隆起中得见天日来到人间。2. 天珠是由外太空掉落的陨石制成。3. 天珠是成串像蛇一样的生物。4. 天珠是在田野间捡获或在牛羊群的排泄物中发现的。5. 天珠是会飞、会跑、会爬动的虫类的化石。6. 天珠是阿修罗制造的武器，用以对付帝释天。7. 天珠是天神的珍贵饰物。8. 发现天珠穴或天珠巢而获得天珠。9. 阿里天珠泉流出天珠。10. 天珠是大食国（即波斯）国库里的宝石之一。

那么天珠到底为何物，从国内外专家考证及对其进行物理化学

虎牙天珠（土登活佛提供）

虎牙天珠（土登活佛提供）

一念天珠，苯教“木念”（树念）图形

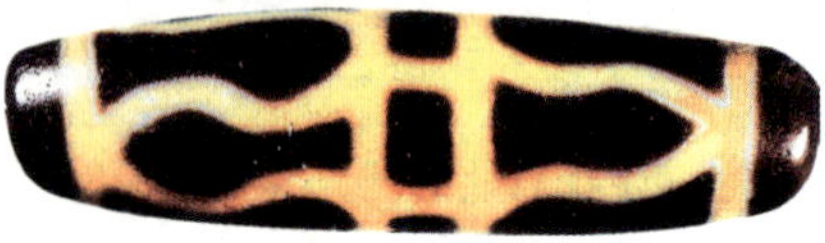
两个“海念”象征双湖，象征女神

双山形天珠。苯教的“崖念”即山神图形

两线弧线天珠

四线弧线天珠

六线弯月形天珠
（此页图由白玛多吉提供）

鉴定得出结论：天珠就是强碱、硝酸蚀刻的工艺玛瑙珠。

德国著名的大卫·艾宾豪斯、麦克尔·温斯腾博士经过几十年对他们收藏的几百件天珠样品进行研究，于20世纪80年代初写过一本专著，叫《藏族的瑟珠》。在这本书里，两位天珠研究专家明确地说：“就加工技术而言，藏族瑟珠是蚀刻玛瑙珠的一种。”蚀刻玛瑙珠的加工方法是这样的：先是在珠子表面按图案（在粗加工的玛瑙石上套有各种图案的模具，或贴上一种有图案的特殊纸型，以使别的地方不被腐蚀）喷上碱水（有的使用钾碱、铅白碱、碳酸钠）进行蚀刻，然后用火烧烤，这样就使珠子表面附着强碱处变成了永不褪色的白色，因使用强碱所含成分不同，烤出来的白色也不尽相同。这种增白不仅仅是在表面上，表层下面也变白，一直深到石头里面。有些天珠，变白的地方则明显突出。在折断的天珠里你会看到这种白色纹路渗透深浅基本一致，尽头相对整齐，没有石头中天然石筋的不规则自然渗透。用强碱绘出的图案可以刻出最简单、最常见的蚀刻玛瑙珠，用火适当烧烤时，就会在天然的石头底子上出现一个个白色的图案。

另一种加工技巧是，首先用上述方法把整个珠子变白，然后用另一种化学制剂画出一种图案（硝酸铜的效果最佳）。珠子再次用火烧烤，在白色的底子上勾勒出黑色图案。西藏的一些天珠收藏家曾将不同类型的“天珠”送往上海硅酸研究所化验，其结论是：天珠图案上的蚀刻花纹除酸碱外，都含有硅酸盐（瓷器上的釉其主要成分就是硅酸盐）的成分。这再次证明，天珠是人为的，或者说石头是天然的，花纹是人为的，叫“天人合一珠”比较确切些。

根据使用的工艺类型将蚀刻加工黑白图案大致归类：天然石头底子上的白色图案；变白底子上的黑色图案；天然石头底子上的黑色图案等。

蚀刻玛瑙的历史溯源及现代天珠的加工仿制

世界上蚀刻玛瑙的生产年代十分久远，主要分三个时期：早期（公元前2000年前）；中期（公元前300年至公元200年）；后期

四花瓣单眼天珠，部落图腾符号。

双羊眼天珠，古格象雄部落、家族图腾符号。

双羊眼天珠，苯教中的“天念”图形。

双羊眼天珠，苯教中部落图腾符号。

（此页图由白玛多吉提供）

（公元 600 年至公元 1000 年）。最早的蚀刻玛瑙主要是在美索不达米亚（在伊拉克境内，底格里斯河、幼发拉底河流域）和印度古代文明的遗址中发现的。到目前为止，我们认为印度白塔拉尔和钱呼达拉是制作蚀刻玛瑙的中心。中期的蚀刻珠主要是在印度次大陆的遗址中发现的。现据强有力的证明，后期蚀刻珠的制作中心在伊朗，将其年代追溯到萨珊王朝（公元 224 年至 624 年）。在 20 世纪初期，那里仍然采用手工加工蚀刻经文饰物。到 19 世纪末，在西北亚、南亚次大陆这种工艺已经逐渐失传。

早在唐代天珠就已为人所知了，欧洲人劳弗于 1913 年撰写了《东方绿松石考证》。他引用《唐书》及几部唐代经文中的“瑟瑟”一词进行比较考证。他引用《唐书》上的一段陈述，说明最高品位的藏族官员肩上披挂着一串串“瑟瑟”。“瑟瑟”摆放在金银之上。另一份摘自《新唐书》的文献表明，“瑟瑟”佩戴在藏族妇女的发辫上。上等珠子的价格相当一匹骏马的价格。劳弗由此得出结论，“瑟瑟”一词在唐朝有其特殊的含义，但后来仅有“珍贵石头”这一比较普通的含义了。他进一步推测，“瑟瑟”一词的原意可能是缟玛瑙（带条纹的玛瑙），而这一词可能与藏文词“瑟”、波斯文中“Sjizu”、阿拉伯文中的“Djizu”和梵文中的“Cesha”有关。“瑟瑟”与“瑟”之间在发音上的相似性及人们所报道的藏族人对它的极高评价都表明藏族瑟珠可能就是唐代的“瑟瑟”。

在西藏和其他各个藏区，天珠可以追溯到史前时期。藏族普遍认为天珠具有极高的价值，这与跟天珠有关的传说和神话十分吻合。有人认为天珠是 19 世纪或 20 世纪首次传入西藏，这缺乏实物依据，西亚和南亚次大陆的蚀刻天珠工艺在那时已经失传了。天珠在西藏获得如此高的评价并造成这么深远的文化影响，绝不是一朝一夕就形成的。内贝斯基·沃科维茨博士在其著名的论文《西藏的史前珠子》一文中指出，西藏东北部居民不断地报道在那一地区古代葬墓中偶然发现了与箭头一起出土的瑟珠。根据内贝斯基·沃科维茨博士的说法，在西藏各地、不丹和拉达克据说都发现了瑟珠，但在锡金和尼泊尔从未发现过。据说不丹一度是瑟珠的主要来源地，但内贝斯基在 1952 年撰写论文时，他在康区有了更大的发现。他还说拉达克的瑟珠都是沉重劣质的瑟珠。在西藏制作的天珠是传统制品中的一个支派，它可能是古代（现今的阿里地区）象雄文明的产物。在这一时期，苯教信仰占主导地位。对九眼珠的偏爱可能是这一时期的遗风，因为“九”这个数字是苯教重要的数字，与数字“三、五、七、十一、十三”是佛教最重要的数字如出一辙。对藏族而言，有关天珠的起源已经消失在朦胧的过去。因此，为了对天珠崇拜和使其“增值”，他们不断对传统进行弘扬和补充，并融入深受佛教文化影响的价值标准，保留了一些古老的佛教之前的崇拜思想，同时赋予带有反映佛教观念图案的珠子以天价。

新天珠的仿制当前首推台湾，目前拉萨市场流通的新天珠 90% 皆为台湾新仿天珠，还有尼泊尔、不丹仿，内地江浙和中原仿，另有一些寺庙自己也在寻找原料制作。

1. 台湾仿：在玛瑙石上用强碱、强酸蚀刻烧制而成。色泽纹路几可乱真，仔细观察无风化纹、两端线孔及质地等仍可分辨出新旧及产地。

2. 不丹仿：主要是黑白分明的新天珠，质地透明，无风化纹。

3. 四川二百年前仿：主要是一种料器。

4. 浙江仿：树脂混合物。

5. 中原仿：ABS 工程塑料混合物。

6. 西藏本地仿：在劣质玉石上蚀刻。

这些新仿天珠的价格（进货）：台湾仿 200-800 元 / 个；不丹仿 100-300 元 / 个；江浙和中原仿 5-10 元 / 个不等。

天珠的分类、纹饰、图案、符号、眼纹的含义

天珠从形状上可分为：1. 长形天珠；2. 短天珠；3. 椭圆形天珠；4. 线珠；5. 羊眼天珠；6. 天珠族群。从图案符号组合上说，一个圆“○”形纹的天珠，称为一眼珠，两个圆“○”形纹的天珠称为两眼珠，依此类推到十三个圆“○”形纹的天珠，称为十三眼天珠。一个圆“○”形纹及一个方“□”形纹的天珠称为天地珠；四圆四方，简称为四天地珠。从形意上说：有长寿珠、莲花珠、虎皮珠、虎牙珠、条纹珠等（康巴人认为，有九条纹的线珠与九眼珠相同）。这些天珠，从宗教角度上说，有消灾珠、增宜珠、圆满珠、除魔降怪珠。“息、增、怀、诛”珠，这是集合四种图案“○、□、月形、△”在一颗天珠上，具有“息灾、增益、圆满、降魔”四种作用，这类天珠极为少见。

天珠鉴别、鉴赏

天珠的鉴别可以用“八看”来进行初鉴。

（一）看天珠的质地。从矿物学的角度来观察，各类矿物质地的颜色，可分为：原本固有的颜色称为白色；混入色素离子引起的颜色称为他色；产生裂纹引起的颜色，称为假色，这是矿物学质地的三种色。天珠质地的颜色大致分为：乳白色、黑色、棕色、红色及淡绿色五种，其中以乳白色的质地最佳，某些天珠研究者都把天珠线孔内是否为乳白色列入纯天珠的必备条件之一，是从质地上鉴别。

天珠（白玛多吉提供）

（二）看天珠的色泽，天珠一般呈黑白色、深棕色及象牙色、淡棕色及乳白色四种相间的纹路，黑白分明的纹路喜欢的人多，深棕色及象牙色相间的纹路也是许多人的首选之一（台湾仿的新天珠为后者）。

（三）看天珠的光泽。所谓光泽是指表面反射光的强度而言，反射率大，光泽就强。一般光泽可分为：玻璃光泽、油脂光泽、蜡状光泽及土状光泽等。天珠表面由于年代久远自然风化而形成较不平滑、反射光有紊乱的现象，用肉眼观察表面似涂上一层油脂，这种光泽称为油脂光泽。有些油脂光泽特别亮，则可称为蜡状光泽。有些天珠经过火烘，表面呈现灰白色，对光产生某种陷阱而暗淡无光，这种情形称为土状光泽。

（四）看天珠的透明度。透明度是指透光的能力，其实透光与不透光是相对的。一般鉴定透明的标准，是以两毫米的厚度用适当的光源透视，光全部透出称为透明，部分透过称为半透明，不透过称

藏族人项上佩戴的天珠（洛布摄）

戒指上镶嵌的天珠（洛布摄）

为不透明。选择天珠以透明和半透明作为取舍标准，当然，不透明的珠子也有极品，以透明取舍天珠难免有遗珠之悔。

（五）看天珠的完整性。从外观察整颗天珠的完整度，是最直接且效果好的办法。由于老天珠年代久远，想找一颗完美无瑕的天珠颇为困难，因此天珠两端呈现斜面自然的磨损并不影响其完整度。一般而言，除传世品外少部分的破损可能是供佛像装藏或磨粉配药之用，应可接受。至于断裂成半或严重破损的天珠，已失去作用不宜收藏。新仿天珠一般都完好无缺，其倾斜面都有“作残”痕迹，要特别留心。

（六）看天珠的风化纹。所谓风化纹是指老化表面的特征，最具代表年代长短的作用，用放大镜仔细观察，可以发现许多自然而不规则的风化纹路，深浅不一，似鱼鳞纹又似凤爪纹，尤其在黑棕色纹路上观察比较清楚明显。

（七）看天珠的朱砂点。所谓朱砂点是一种红色的斑点，从里到外自然生长在天珠的珠体上，但并不是每一颗天珠上都有朱砂点，也不表示有朱砂点的天珠就是好货。它仅是供判断新旧天珠的标志之一，就像旧玉中沁色的“尸斑”(“尸古”)。这种红色斑点可能是天珠与人体的磁场融合所生长出来的。因玉石本身就有渗透性，也可能身上抓伤、挠伤出血后，使之吸渗到天珠体里，逐渐形成“血斑”。

（八）看包浆。包浆不是天珠上的污垢，是酸、碱分子与本体分泌物长期融合的一种附着物，它是洗、刮不掉的，就像旧瓷器、明清家具上的包浆一样。这种包浆滑润自然，任何做旧都不能做成这种自然形成的包浆，“自然成旧”与“人工做旧”是不可同日而语的，岁月的残缺是一种美，人工的“做残做旧”越看越丑。

当然还有用仪器进行化学和物理鉴别，从宗教角度上鉴别等，这里不一一细说。上述观点仅是一孔之见，本人将继续探讨研究。

原载《中国西藏》2011 年第 1 期

古格银眼

——来自天边的珍奇佛像

霍巍

1715年，意大利传教士德希德里从北印度越过喜马拉雅山到达古格。他放眼望去，这片土地贫瘠荒凉，然而关于“黄金之乡”的美丽传说却让他彻底改变了最初的印象。他听说，古格的这些“土著人”在古格山脚下的河谷中以及在靠近江河的地方大量地采集黄金。这些黄金不是金块而是一粒一粒的金沙。每年随着暴雨和融雪，大量的金沙从阿里琼噶尔山上冲下，来自西藏各地的商人们蜂拥而至，早在许多年以前，古格便已经成为一个淘金的圣地。

其实，早在这些外国传教士到达古格之前，在一些汉藏文献史料中，也或多或少地记录了这个神奇的传说。有的将这些黄金金沙每一粒的个头形容得比蚂蚁还大，所以称这些古格特产的金沙为“蚁金”；还有的文献记载由于古格盛产黄金，所以这里的女王所统治的领地也被称为“黄金之都”。在藏族史书中流传最盛的莫过于古格国王益西沃的故事：他为了迎请孟加拉国高僧阿底峡来阿里传法，不顾年迈体衰奋勇率兵攻打古格西北方向的伊斯兰国家噶洛，其目的是向噶洛索求黄金。但益西沃不幸兵败被俘。噶洛国国王面见被俘的益西沃，提出古格人要用和益西沃等身重量的黄金作为赎金才能释放益西沃，可见噶洛人也深知古格国库有巨量黄金可供逼索。当古格国内拿出这笔巨额黄金，派出使者前来赎回益西沃时，益西沃却断然拒绝了来使，说不必再用如此巨量黄金来赎回一具无用之身，不如用这笔黄金去实现他迎请阿底峡的梦想。后来阿底峡终于被迎请到古格，从此开创了藏传佛教后弘期的新格局，这是后话。这个故事的真实性虽然不断有学者提出质疑，但噶洛人提出要用与真人等重量的黄金作为赎金的独特要求，却再一次给古格王国的黄金传说增添了几分神秘色彩。

正是因为拥有丰富的金属矿藏，所以古格人精于冶炼。据说有一种被称为“古格银眼”的金属佛像，是他们作品中最精美的极品，因为极少流传于世，所以尤为珍奇，长期以来，无人知晓其究竟为何物，堪称古格宝藏。我第一次读到关于古格银眼的故事，是来自于著名作家马丽华的《西行阿里》一书。她在书中描述道，古格都城扎不让的北面有个叫“鲁巴”的地方，今天仍然是札达县的一个乡。藏语中“鲁巴”意为“冶炼人”，传说古格王国时期，这个地方素以精于冶炼与制造金银器而闻名，当年阿里三围以托林寺为主寺的下属 24 座寺院的金属佛像与法器都由鲁巴铸造。据说鲁巴铸造的佛像用金银铜等不同的原料合金而成，工艺精湛，通体全无接缝如自然形成，其价值甚至超过了纯金佛像。而被称作“古格银眼”的铜像很可能就产自这个小村中。但她也说，鲁巴特别有名的“古格银眼”，“若不下功夫探询，就无法弄清是一种什么名堂”。

图一（霍巍摄）

图二（霍巍摄）

自从开始阿里考古生涯的那一天，我便始终怀想着“古格银眼”的传说，希望能有机会一睹其风采，也弄清楚它究竟是何等名堂。终于，在一次从古格王国故地阿里皮央·东嘎遗址佛殿遗址的发掘当中，解开了这个久藏于心的谜团。在众多出土器物当中，有两尊铜佛像引起了我的注意：其中一尊佛像四臂各执法器、结跏趺坐于双重莲台之上，佛座下有四头支撑着台座，造型十分独特。佛像头生 3 眼，额上正中一眼为纵目，如同传说中的“二郎神”。让我特别留意的是，佛像这三只眼的眼球都采用一种特殊的镶银平错技法做成，在金黄色的铜像背衬之下银光闪闪，晶莹锃亮（图一）。另一尊佛像具有典型的克什米尔造像风格，佛像结跏趺坐于莲台，台座下有两尊立狮和一尊托柱力士像支撑着，佛像半袒，袈裟紧贴身躯，手结法印，两眼也采用了镶银平错技法（图二）。我心中一惊，暗自猜想，这难道就是传说中的“古格银眼”不成？

带着这个问题，我查阅了大量文献资料，终于明白，这种采用镶银平错技法制造佛眼的做法，并非是古格独有，而是 11—13 世纪在西北印度、克什米尔一带流行的一种技法。采用这种方法制作的佛像，由于镶嵌有白银，再加以平错打磨，所以制成的佛像眼睛白仁黑瞳，显得黑白分明，格外神采飞扬。古格王国地处我国西部边陲，与中亚、南亚和北面的“丝绸之路”都紧毗邻，所以自然也会在佛教艺术上受到来自周边各国和不同地区的影响。尤其是古格王国立国之后，由于阿底峡大师的进藏和古格大译师仁钦桑布大师的极力推荐，有不少来自克什米尔一带的艺术家们也随后来到阿里，在这片全民信仰佛教的土地上兴建佛寺、绘制壁画、建造佛塔和制作佛像，留下了大量这一时期的佛教遗存。考古发掘出土的这尊古格佛教造像，正是在这样的历史背景之下产生的。它的出土，揭开了长期以来遮盖在“古格银眼”这个神秘传说上的面纱，使我心中这个由来已久的悬念也终于落定。

但是，随之而来另一个疑惑却涌上心头：我们在皮央佛殿中发现的这两尊“古格银眼”体积不大，完全可以携带入境，它究竟是在境外制作完成然后随着高僧们入藏被带入古格的呢？还是在古格当地铸造的呢？我完全没有预想到的是，后来的考古调查和发掘当中，“古格银眼”这样的佛教艺术品竟然不断有新的出土发现，令人

图三（霍巍摄）

图四（霍巍摄）

眼花缭乱、目不暇接。在皮央佛寺的殿堂当中，我们发现了一些体积高大、几乎与真人等身的佛像（图三、图四），这些佛像有的还带着铸造时留在体腔内的泥胎，重量达几百公斤，显然不可能是在境外制作的，而最大的可能性就是在古格本地制作。如果这个推测无误的话，表明古格人在外来工匠的指导下应当已经十分熟练地掌握了这种铸造大型铜佛像的工艺，传说中的“鲁巴”这样的冶炼与铸造中心在古格可能已经形成并有相当的规模。而这当中最令人感到

图五（霍巍摄）

图六（霍巍摄）

欢欣鼓舞的是，我们所发现的这几例大型铜佛像，居然无一例外的都是采用了这种镶银平错技法制成的"古格银眼"！这就以事实证实了我的推测，古格人已经成功地掌握了当时这种先进的"国际技术"并能运用自如。所以，流传久远的"古格银眼"的传说，终于有了它的来龙去脉。

我由此联想到，古格的富饶，或许真的与它盛产黄金白银不无关系。多年来在阿里高原的考古调查中，除了"古格银眼"之外，在托林寺、扎不让、皮央·东嘎以及众多的古格时期的佛寺、洞窟中，都发现过一种用金银汁书写，在阳光下金银闪烁、无比富丽堂皇的经卷。如果没有充足的黄金白银，恐怕不敢如此奢侈。又比如，汉文文献新、旧《唐书》和《册府元龟》《文献通考》当中都记载了吐蕃王朝时期，与唐王朝的交往多以金银器作为贡品。我一直猜想，制作这些金银器的原料来源地，象雄与古格可能会不会是其中一个重要的产地呢？

透过“古格银眼”佛像的考古发现，我还一直思索着一个问题：阿里虽然自然环境极为恶劣艰难，但古格的佛教艺术的总体水平却很高，无论是从雕塑、建筑、绘画、造像哪一个方面而言，与其周边国家和地区都不相上下，绝不是一个佛教文化上的孤岛。仅以其金属工艺而论，除了“古格银眼”之外，在其他的金属工艺制作上，古格人也具有相当高超的水准。在已经废弃的东嘎早期的一座佛堂当中，曾经遗留下来两件佛像背光的残片（图五、图六），给我留下了很深刻的印象。这两件残片均采用捶拓工艺成型，上面采用鎏金法，题材为佛教艺术中的“六拿具”，无论是从造型艺术，还是从制作工艺而论都堪称精品，残片上残留的人物和动物比例生动，形象饱满，构图考究而精细，没有对佛教艺术深刻的领会与长期的实践，是难以形成如此精雕细刻的作品的。

回望古格，这个立国近700年的古老王国，是否将它们的巨大财富，都投入到了佛教艺术的创造，而却不修兵事，轻视农商，最终才被文化发展水平远远低于古格的拉达克人一举攻灭呢？古格人聪慧地创造出了享誉至今的一双双古格银眼，却因这时代的烟尘过于厚重，最终未能看破这云遮雾绕的人间历史。

原载《中国西藏》2012年第6期

西藏贝叶经

次旺俊美

贝叶经就是写在贝树叶子上的经文，源于古印度。在造纸技术还没有传到印度之前，印度人就用贝树叶子书写东西，佛教徒们也用贝叶书写佛教经典和画佛像，贝叶经的名字由此而来。贝叶耐磨轻便，千百年后字迹仍可清晰辨认。贝叶经文献，是目前世界上古文献类中最为珍贵的原始资料之一，是人类文化的一个重要组成部分。

珍藏于我国西藏的贝叶经文献，是藏族传统文化宝库中一颗璀璨的明珠，是古印度文化和我国藏族传统文化交往的历史见证。近年来，在党和政府的重视支持下，西藏自治区开展了西藏珍藏贝叶经写本的保护和研究工作，并取得了丰硕成果。

党中央、国务院历来十分重视少数民族传统文化保护与研究工作。特别是进入 21 世纪以来，西藏珍藏梵文贝叶经保护工作得到了中央领导的高度关注，时任总书记的胡锦涛作出重要批示，西藏自

傣族贝叶经——镌刻在树叶上的文化（新华社提供）

治区党委、政府认真贯彻落实，成立了西藏自治区贝叶经保护工作领导小组，具体组织开展西藏贝叶经保护和研究工作。2006 年 7 月，在拉萨召开了“全区贝叶经保护工作会议”，形成了中国社会科学院、中国藏学研究中心和西藏自治区三方合作开展西藏贝叶经保护和研究工程的共识和规划。西藏珍藏贝叶经写本保护和研究工作从此在雪域高原掀开了崭新的一页。

西藏自治区贝叶经保护工作领导小组办公室所承担的是“西藏梵文贝叶经保护和研究工程协调小组”安排的“加强保护，编出目录”两项阶段性工作，这是对西藏珍藏梵文贝叶经写本资源进行全面普查登录、整理编目、影印原件和实施具体保护措施的基础性工作。

为了“摸清家底”，使千百年的文化遗产得到有效的保护，办公室编目影印组会同全区 7 地（市）贝叶经办公室及相关部门共同努力，对现存的西藏梵文贝叶经写本资源进行了全方位、全覆盖的普

梵文贝叶经

查登录工作。在此基础上，又依据藏、汉、英等多种文献中记载的相关梵文贝叶经的流传、梵藏译经活动及其梵藏译师的足迹，在全区进行了大面积的复查验收工作。两年间，编目影印组对全区7地（市）41县的65个部门和寺庙、3个遗址、5家收藏经书和文物的重点户及个别僧舍进行了深入的普查调研与复查验收等工作，行程17000多公里，共投入600余人次。

编目影印组严格按照国家文物管理办法及自治区相关规定、遵守有关工作纪律，坚持“保持现状、登门验收、就地影印”的原则，各收藏单位组织专人参与整理，配合工作，避免了意外损伤、丢失等现象，确保了现存梵文贝叶经的安全。在编目影印过程中，尽可能地将现存的西藏梵文贝叶经写本（包括纸质经），无论其完整、残缺程度如何，都一一进行了整理编目与建档，并将影印原件图片收录于《西藏自治区珍藏贝叶经影印大全》资料集之中，用现代科技手段将这批古文献遗产永久地保存下来。

为了切实做好贝叶经保护工作，多次召开专题研讨会或论证会，就进一步加强和改进全区梵文贝叶经写本保护工作集思广益，研究对策。从西藏实际出发，明确了“以传统保护方法为基础，积极探索、审慎使用现代科技保护手段”作为当前西藏贝叶经保护管理工作的指导思想；确定了“保持现状，统一制度，分散保护”的基本管理保护模式；提出了重点扶持、改善条件、全面实施保护的具体措施，并拨出专款，会同西藏自治区文物局和收藏部门一起对全区现存贝叶经写本逐一实施了具体的保护措施。统一配制了符合保存要求的、规范的包经布、经夹板、木制囊匣和函头标识；对零星保存的部门配备专用保险柜；对现保存相对集中的收藏部门，核拨库房改造补助经费及制作配备专用书柜或书架、专用展示柜和温湿度计等，极大地改善和完善了西藏贝叶经的保存条件。

经整理编目，已经初步确定，西藏迄今保存有千余函（种）的梵文、藏文和巴利文等贝叶经古写本，其中包括部分纸质贝叶经式梵文、藏文写本，共数万叶（页）。

根据西藏传统的藏文大藏经《甘珠尔》《丹珠尔》的分类法，结合现存西藏梵文贝叶经写本的实际，共将其分为 22 大类，即：律部、般若、经部、续部、礼赞、中观、唯识、阿毗达摩（俱舍）、传记、书翰、因明、声明、医方明、诗学、辞藻、音韵、戏剧、星象学、辞典、杂部、吠陀等 21 类学科和零散（待定）1 类。其内容主要涉及佛教哲学、伦理学、逻辑学、语言学、诗学、辞藻学、文学，同时也包括医学、天文学等自然科学方面的内容，基本上涵盖了藏民族传统的“文化十明”即“大小五明”，是研究佛教史、佛经翻译史、科技史和中印文化交流史不可多得的第一手资料。而且，这些贝叶文献初步确定是用十几种不同的梵文字体写就的，由于创制藏文字母与梵文字母以及声明学、文法等的渊源关系，也应是研究古文字学、声明学的宝贵财富。

西藏现存梵文贝叶经写本中属孤本、善本、珍本类品的不少，也有一些如 11 世纪的写本《中观花蕾》，至今未见有藏译、汉译的译文，极为珍贵稀少。特别是西藏贝叶经写本与藏传佛教藏文大藏经《甘珠尔》《丹珠尔》的关系密不可分，因而具有更高的文献价值。

整理编目中发现部分写本注有作者，也有些在首叶或尾叶注有谁人翻译或谁人流传、谁人收藏等后人加注的简短记录情况，根据上述所附的零星记录、每函（种）写本所反映出的内容特点，以及整个梵藏译经活动的大背景等综合考定或推测，初步确认西藏现存贝叶经绝大部分是 8 世纪到 14 世纪的梵文写本，稍早的可以推到 7 世纪以前，最晚的也在 17 世纪左右。

同时，在开展西藏贝叶经保护和研究工作过程中，形成了《西藏自治区珍藏贝叶经总目录》（卡片式，共四册）、《西藏自治区珍藏贝叶经影印大全》（共 61 分册）、《西藏自治区珍藏贝叶经影印大全简目》《关于西藏自治区贝叶经保护方案与实施办法》《西藏自治区贝叶经保护管理办法》以及西藏文化遗产保护献礼片《西藏贝叶经保护纪实》（三集）等重要成果，为进一步开展西藏贝叶经保护和研究工作奠定了坚实的基础。

纵观当今世界上收藏保存梵文贝叶经写本的情况来看，现珍藏于西藏自治区的梵文贝叶经种类繁多、内容广泛、数量可观、品质精良、保存良好、独具特色。对这些文献价值极高、绝对数量有限

贝叶经八千颂——吐蕃时期（西藏博物馆藏）

并且不可再生的学术资源进行普查登录、保护整理和影印研究是中华民族义不容辞的责任，更是社会科学、藏学研究工作者光荣而艰巨的历史使命。做好西藏梵文贝叶文献的保护与研究工作，无疑将会为增强中华文化国际影响力作出新的贡献。

原载《中国西藏》2013 年第 4 期

一位藏传佛教高僧视野中的汉地儒家

班班多杰

土观二世活佛

这里所讲的藏传佛教高僧，是清代乾隆至嘉庆年间藏传佛教格鲁派高僧、青海郭隆寺第二世土观活佛——罗桑确吉尼玛（1737—1802）。历史上郭隆寺及历辈土观活佛与清朝中央政府保持着密切的联系，1732年该寺重新修复时，雍正皇帝钦赐寺名为佑宁寺。后来又迎接章嘉活佛和前一辈土观活佛阿旺却吉嘉措等到北

远眺佑宁寺

京，乾隆二十七年（1762）土观本人也应诏入京，次年（1763）敕封静修禅师，得到无比荣宠，从而极大地提升了格鲁派在甘、青地区的地位和作用。我们通过他的佛学名著《讲述一切宗派源流和教义善说晶镜史》一书（此书简称《土观宗派源流》），即可知土观二世罗桑确吉尼玛不仅是一位精通佛教三藏四续的学术大师，而且也是一位博通中华传统儒、释、道文化的巨匠。他在这本书中不仅主要论述了藏传佛教的历史传承、教义思想、理论渊源，以及藏族的原生态宗教——苯教的源流，而且还较为系统地阐述了内地儒释道三教，以及佛教在蒙古、新疆等地传播的情况。本文所讨论的便是此书中土观对儒家学说的述评。

在讨论这个论题之前，他用一句诗歌赞颂道："汉地伟大疆土的太空中，佛、道、儒等诸日月星辰，在如来事业的广阔的天轨上，依次出现之情我当说。”这是说，汉地是伟大的疆土，在它的太空中出现了犹星辰的儒教，似月的道教和如日的佛教。这一说法，土观大师站在佛教的立场可谓比喻恰当、形象简明。土观引用汉文的这一重要资料阐明了汉地传统的诸多家或派，在阐明宇宙和人生真谛方面囿于己见，多有偏颇，唯有儒、释、道三家真正揭示了自然与人伦之至理大道，因此他将这三家分别比作日、月、星。这说明土观的这个比喻可谓言之有理，持之有故也。

对汉地之儒、释、道作了如此正面的价值判断后，土观便解释了“儒教”这两个字。他说：

“儒”字是文字之名，意谓文字之道，阿努阿阇梨说：“字为学处本，为诸明之因，为名句文基，故说缀字法。”与此说之理相同。

他对“儒”字的解释较为准确，这里特别需要指出的是，他用藏文的创立者吞弥·桑布扎对文字的定义，来阐释“儒”字。这说明土观在解释儒家的这一核心概念时，他的解释所面对的是藏文化语境下的藏族人，因此用的是格义的办法，这是用心良苦之笔。这个“儒”字的概念界定后，他便解释“儒教”的概念说：

儒教非仅对于文字书写诵读，即为完足，其中还包含各种学问和世间人伦的道理甚多，故儒之一义可翻为教化之书，或明理之学。

土观认为，“儒”是仅指文字书写和诵读等文字学的内容，但组合成“儒教”的概念后，其意思便指各种学问和世间人伦的道理。这说明土观视野中的儒教是世间人伦道德之教化之学，而非出世间宗教之教化之学。这便清楚地说明了土观所谓的儒教是教化之教，而非宗教之教的观点，这一点在最后一句中作了明确的阐释，所谓“教化之书，明理之学”是儒教也。当今学界亦在讨论“儒教之教是宗教之教，还是教化之教”“儒家是宗教还是非宗教之人伦道德之学”，对此众说纷纭、莫衷一是。《汉书·艺文志诸子略》中说：“儒家者流，盖出于司徒之官，助人君，顺阴阳，明教化者也。”突出了儒家的教化功能。而关于这一问题，藏传佛教学者土观大师也给出了明确的答案。这说明，作为一个藏传佛教学者，土观大师对儒家文化的功能把握是准确的。

土观讲述了儒家的创立者孔子。他将孔子称为儒家的导师。藏文经典中早就有孔子的名称，但因为藏汉语音的变音关系，藏语一般称孔子为“公子”。土观还说，孔子出生与释迦降世的年代相距不远，约在周朝末代周敬王时出生于山东。这些说法都是极为准确的。他还说：

孔子

孔子是一位伟大的圣人，从那时起直到现在，朝代虽然有所改移，然仍以孔子之学为宗，尊为各朝的至圣先师，历代人君莫不塑造孔子神像及灵位为之供祀，这种规制，至今不替。

佑宁寺

土观的这一论述极为重要，首先，说明了孔子是位圣人，或曰至圣先师，而不是神，这便进一步说明了儒家不是宗教。其次，说明了孔子所创立的儒家思想是历代统治阶级的意识形态。再次，他说历代君王和人们将孔子塑造成神，这便具有了孔子神像和灵位，以供祭祀、礼拜。这说明孔子及其儒教虽不是宗教，但它具有宗教的功能，发挥了宗教的作用，由此可见，土观对儒家及其创立者孔子的把握和定位，还是相当准确和透彻的。

此外，土观大师还谈到了儒家的经典著作《四书》《五经》，尤其是具体谈到了《大学》的三纲八目，概括准确，把握精当。还谈到儒家的三纲五常，也理解通透。

他还讲到了医学的起源，提到了炎帝及神农氏的《本草经》，他说依切脉来辨别疾病，以及五行相生相克之理都源于此经。这些内

青海藏医药文化博物馆馆藏《四部医典》古籍印版

容是在印度和其他地方都没有的中医独特理论。讲到这里，土观提出了一个非常重要的问题，即藏族医学的根本经典《四部医典》中相关内容的来源问题。他说：

> 因为我考虑藏土所传的《四续经》，其最初来源，亦出自汉土。经内五行，不是按天竺所惯用的地、水、火、风、空的说法，而是用木、火、土、金、水的理念。又动脉名为寸甘，这明明是寸、关，由于读音不准确而产生的讹误。

土观这里说明了一个重要的理论问题，即藏医《四部医典》中，所贯穿的基本理论是汉地传统思想的金、木、水、火、土，而非印度传统思想中的地、水、火、风、空。又关于藏语“动脉”名为“寸甘”，也是汉语“寸关”的直译音，这说明《四部医典》中的诸多内容受到了汉地中医理论和方法的影响。但我们不可否认，此医典也受到了佛教思想的重度浸染。这些问题有待进一步的追踪溯源、比较鉴别。

这里土观在讲解了以上关于儒家的历史性、知识性、概念性的常识后，即较为系统地论述了儒家理论。

首先，儒家及其孔子的学说不讲死后和来世的出世主义信念，而着重强调解决现世、当下、眼前的利益和事情，但孔子讲的具德行的圣人，唯在西方。而土观认为这个西方的圣人就是指印度的释迦佛。从这里即可看出，土观在理论旨趣上突出了儒家和佛教的区别，而在两教的教主上，则强调了二者的一致性和同一性，认为儒家的孔子和佛教的释迦佛都是具德行之圣人，并且土观十分注重这个同一性和一致性。

从儒家所讲经论的隐义中，亦可见到有地道的理论。我等具德上师汤吉勤巴·若比多吉曾说：“易经的奥义可以说与无上密宗相吻合。”这是他的亲弟子所说的。传说晋朝时即有和尚法显及道明二大德，曾解释说儒道二家的理论和佛法极为相合的说法。以后汉地佛教源流史中亦记有儒家先师孔子的学说，说此学“外示人以治国平天下，内示以趣入圣道之次第，与如来所说，全不相悖”。

从以上土观的一大段话中，可以看出他寻找种种理由来论说儒佛的共性及其契合处。首先，他说儒家的成圣理论与佛教成佛的阶梯——五道十地相同，易经的奥义与佛教无上密宗相吻合，儒家的修身齐家治国平天下，以及格物致知、正心诚意等，与佛教的修圣道之次第相符顺。依据土观这种儒佛两家比较异同的方法，即可看出，土观是完全站在佛教的立场上，去看待儒家的。因此他的有些比较内容只看到了两家表面的相似性，而没有看到两家在这些方面的本质差异。

土观就儒家的科举制度和藏传佛教的学经制度进行了比较：

> 汉地学者，研习《四书》，已得通达者则称先生。这个名字直译则为出生在前。译其意则为胜士。四书之上再学习上说的《五经》，若完成所学，按学习的优劣，则获得秀才、状元等名位。如是熟习四书、五经成为博学之士，又加习治平之术，则能善教他人明知取舍，具此两种才能，即可出仕为官，辅佐朝廷，治理万民。其爵位官职之大小，由视其才能之高下而定。若以此例吾藏地，五经，如同五部大论，儒学如同所摄一切佛典，精通儒书后则得先生、秀才、状元等名位，与博通佛典后则得格西、迦居巴、然降巴等学位的规制相同。以后即可授以教民化众的官职。

这里土观讲述的是儒家从学到仕的阶梯、途径和目标，清晰而简洁地展现在藏语文化圈中人们的眼前。从这里就说明土观对儒家“学而优则仕”的为官道路，可谓是烂熟于胸了。这里特别有意思的是，他将儒家的这一“学而优则仕”的为学之道，与藏传佛教的学经制度，以及僧官体制结合起来进行比较，其中的意蕴可谓巧妙之极。我们认为土观的这种比较，集中体现了他的睿智和悟性，固然儒家的秀才、举人、贡士、进士等学位与藏传佛教的格西、迦居巴、然降巴、拉然巴等学衔，并无渊源关系，但两者可谓是达到了惊人的相似性。特别是，在儒家为学之道中，取得了这些学位即可做官，在藏传佛教的学经制度中，也同样有获取了这些学衔后，可担任一定僧阶官职的规制。这是在汉藏两种文化的语境下，培灌出来的文官制度。土观还继续对儒生和佛徒作了进一步的比较，如他说：

> 也有一类精通汉地诸大经史之义理者，不想做官入仕，也不欲经商务农，而隐居林泉，唯思所学经史之义理，间或授徒讲学，生平以少事寡欲度过一生者亦不乏其人。这种人与进入佛门，闻思达于究竟，遂抛舍世务，静居山林，克实修行以终其身者相仿佛。但如上所说的人，在儒道两方面都是虽有亦不多见。

众所周知，儒家的根本宗旨是教导儒生一生要遵循“三纲要、八条目”的原则，终生践行三纲、五常，以达到成人、成物的入世目标。但是在儒生中也不乏一批远离社会、离群索居的隐士。土观将这批儒生与佛教的静修者相提并论、进行比较，这也是一件很有意义的事情。这说明土观不仅通晓汉地儒家的经典及其理论，而且还了解儒家各种不同的群体、类型。

土观活佛还谈到了儒家学者对佛教的不同评价，有褒有贬，“孔子似景仰如来者，当时因佛教尚未传入汉土，故孔子所著的书中，没有一语谈到佛法的优劣。唯朱夫子可能是精通佛理的，他所著的书中对于佛法备极赞扬，未加毁谤”。在儒家学者中，也不乏诋毁佛教者。他引了一位姓周的儒家学者褒扬儒家而批判佛教的言论，大意是：“儒家强调忠诚君王，孝敬父母，而佛教则既不讲忠，也不讲孝，厌弃世间，出家为僧，这一出世主义的思想和举动，与儒家入世思想是绝对相违背的”。对这位儒生的这种论点，土观作出了反驳，儒家讲的忠于君王，孝敬父母，只局限于一国一家，一父一母，而佛教讲慈悲为怀、普度众生，最终永恒地进入常乐我净的涅槃境界，这个胸怀和视界要比儒家大得多、广得多。我们以今天的眼光看，土观对以上儒生的扬儒抑佛论点的反驳，从佛教理论的角度讲，是有一定的深度和说服力的。但是土观在批判汉地儒家学者批评佛教的问题上，是站在佛教立场讲的，因此难免有不符合实际的现象。

综上所讲，土观大师作为一位藏传佛教高僧大德，对汉地儒家从名称到经典，从思想到功用进行了分析和概括，还对藏传佛教和儒家的体制、思想和功用进行了比较，力求寻找其中的共性。尽管有些观点还有立场和认知的局限性，但有些分析和概括却是十分准确和精当的。说明土观大师对汉文化了解之深入，对儒家思想把握之准确，对汉、藏文化异同比较之精当，已经超越了作为一名藏传佛教高僧的视域，是非常难能可贵的。这些都为汉藏民族的接触和了解、汉藏文化的交流和互动，起到了范导和辐射之功，具备了桥梁和纽带之效。

原载《中国西藏》2014 年第 2 期

赤江佛邸怀古

央珍

坐落在大昭寺南面深巷里的老房子赤江佛邸

昨晚，我又梦见了自己的家，梦见了赤江拉让（佛邸）。走进这所宅院，仿佛受到某种魔力的推动，疲惫的身体变得轻盈起来，眼前的景致显现出美妙温馨。我闻到宅院里井水和阳光的味道，还听到从洞开的窗口飘来的幽幽诵经声。由桑烟形成的卷云在院子上空漂

赤江佛邸是一座石木结构的三层院落

浮。一颗迷茫的心，随即生出莫名的喜悦和安详。我在这座古老的宅院里长大，又从这里走出，离开西藏。

赤江拉让是藏语，是对拉萨一座宅院的称呼。赤江是宅院的主人。拉让是专指高僧大德的私邸。赤江拉让坐落在大昭寺南面的深巷里，是一座石木结构的三层院落。天然石板铺就的院子里，有雕刻卐字的下马石，方形水井，边上的方木廊柱，有通向二楼的坚固石阶，以及通到后院马厩的长甬道。二层有印度铁栏杆围起来的回廊，带有黑框的落地花窗，包着铜皮的木梯，厚重的活动梯盖，还有幽暗的天井。三层除了北面带有落地窗的大房屋，其余的三面屋顶是开阔的铺有阿嘎石的大阳台。整座宅院外表坚固庄重，墙以方石垒砌而成，小小的窗子由高处开向外面。建筑内部结构精巧舒适，古朴典雅，非常适宜居住。宅院原先的主人赤江活佛是一位有名的经师，他以持戒严明和知识渊博而闻名整个藏区，也因关怀穷人而受到尊敬。现代藏学的开创者和启蒙思想家根敦群培生前就得到过他的赏识并和他建立了友谊。他一生培养教育了不少大活佛，自己最终远走他乡，成为游子。不过，他并没有带走这座房屋的精气。他把阅读书籍的习惯和怜惜弱者的悲悯留在了古宅，把拉萨城古老的传说也留了下来。

20 个世纪七八十年代，布达拉宫红山脚下和环绕着大昭寺的八廓街，都是一栋栋石木结构的传统藏式小楼。有的楼房历经千年，石墙风化成斑斑驳驳的褐色。有的房屋充满传奇，被后人粉刷成了尊贵的黄颜色。藏民族的历史文化，宛如寺庙千年的香火，在八廓街幽深狭窄的街巷里绵绵延传，在僧人的诵经声中慢慢吟诵。

当时的拉萨，是一座宁静、闲适和温情的小城。没有那么多人，也没有那么多商品和欲望。古城拥有的只是从容、自足和优雅。那时的赤江拉让更是兼备了这种境界和情趣，它是老拉萨城和谐的一员，静静地隐藏在一栋栋藏式楼房当中。

早上醒来，我总会看见一个身影在天井里晃动，在喂鸟，然后走向门洞，打开包有铜饰的厚重大门，在红门沉重的开启声中，阳光照进了大院。他就是人人喊“祥啦”的守门人。

祥啦是拉萨人对舅舅的尊称。我从未听到别人叫他的名字，也不知道他的名字。我父母辈的大人叫他祥啦，我和比我小的一代人也都这么喊他。他年轻时是澎波一座小寺庙的僧人，据说寺庙在幽闭的山坳里，骑马到拉萨要两天多的路程。后来，他有了正式工作，成为已是单位宿舍的赤江宅院的守门人。他有一只红红的大鼻子，脸上总是笑着，一年到头戴着棕色的帽子，楼上楼下扫地擦栏杆，不分昼夜地为人开门关门，还把一盆盆鲜花在院子里搬来移去。他对任何人都谦和有礼，充满耐心和慈悲，对敲门的乞丐也会和颜悦色地送上一勺糌粑倒一碗热茶。很多次我们偷他的鼻烟，他也只是轻轻一跺脚，“小孩抽鼻烟会长难看的大鼻子！”说这话时，他指着自己的红鼻子。我们不怕他，却敬重他，喜欢他，真的把他当成了自己家的舅舅。谁家做好吃的饭，都要给他送去一碗。谁家剩下的米饭和青稞粒也给他送去，让他喂鸟。他小屋里的方木柱子，从上到下挂满家家户户的钥匙串。他的羊毛卡垫上，也总是堆满报纸和书包。上班的父母留给我们的家门钥匙，我们放了学却不急于拿，而是先把书包扔到祥啦家的卡垫上，从桌上的竹盒里拿起一块干奶酪或抓上一把炒豌豆，然后满院子里楼上楼下天井马厩到处疯玩，直到大人们把我们叫回家。

二层有印度铁栏杆围起来的回廊

那时，拉萨的夜晚经常停电，窗外传来几声慌张的狗叫。淅淅沥沥的雨声和屋檐下燕子梦中的呓语，成了我的陪伴。坐在家中看书，思绪永远会被书中的人物牵引着，脚步也会随着主人公走到地球的某一个角落。我是在前人无声的诵经声中，在柔和恬静的烛光下，读完六世达赖喇嘛仓央嘉措的诗歌、看完《大卫·科波菲尔》的。合上书，推开旧木花窗，雨停了，满天繁星，我可以在群星中找到属于仓央嘉措的星宿，看见狄更斯的善恶冷暖世界。当时的我，还不知道根敦群培，不知道这座院落曾经的主人与根敦群培的友谊，否则在静谧漆黑的深夜，我会聆听到两位智者的对话。清冷的月光下，一个孤独、自由的灵魂在回廊间游荡。

也许是受到这座宅院的熏陶，生活在其中的我们都喜欢阅读，都向往更广大的世界。后来，我们这些在院子里长大的孩子陆续离开家乡。到北京、上海、新德里读书求学。赤江拉让这座旧宅院在我们之后，延续着开启智慧、寻求知识的传统，不断养育着读书人，读书人也不断地出走，远离故土。

大学毕业，我又回到赤江拉让。院门口，守门人的小屋还在，屋前木架上祥啦的花盆也在，还有他磨鼻烟磨凹下去的方石板，却不见他微微驼着背、戴着棕色帽子的身影。晚年，他回到遥远的澎波乡下，在当年出家的小庙里又过起了闭门念经的僧人生活。

赤江拉让也渐渐步入晚年。石板地凹凸不平，格子窗被阳光晒得褪去颜色，印度铁栏杆油漆剥落，楼梯上的包铜也被人踩踏得光滑锃亮，一切失去了昔日鲜活的色彩。我开始触摸开裂着缝隙的方柱，感受包着铜皮的木梯上的脚步声，倾听夜晚回廊下的叹息，凝望幽深天井里光影的移动。于是，我的笔下出现了《乩字的边缘》《晒太阳》和《无性别的神》等小说。这些故事都来自赤江拉让和它周围的寺庙、街巷。有人说，这些小说充满藏文化的气息和意境。其实，赤江拉让本身就是一种气息、一种意境，它是我灵魂依托的地方。我认为，任何文学作品的创作和阅读，都是回忆与缅怀，我的小说正是在往事力量的推动下完成的，是在赤江拉让安谧的陈年气息中展开的。

多年后，我再一次离开西藏。有几回，我在异乡的睡梦中寻找赤江拉让，醒来后，眼角全是湿的。

现在，我只要回到拉萨，都会一个人去赤江宅院看看。

院落的石墙下静静地坐着一位晒太阳的老人，他盘腿吸着鼻烟，身边的石板地上，一边放着一小罐青稞酒，一边蜷缩着一条毛茸茸的黄狗。祥啦又回来了吗？有时，这样的老人会给我一种错觉。我的心怦然一动，又回到了童年。头顶白炽的阳光也变得柔和起来，变成清晨的橘黄色，变成飞落下来的有着粉色胸脯的鸟雀。我好像闻到了谁家熬煮砖茶的清香，听见了酥油桶的搅动声。小毛狗打了几声喷嚏，懒懒地起身离去。我恍然想起，祥啦已经不在了，他早已离开拉萨，离开这个世界，据说他走得很安详。从八廓街芸芸众生中，我还能遇到他的投胎转世吗？将来我们还能在赤江拉让相会吗？自己转移视线，朝上面看。二楼的回廊下，一个穿着黑袍红衫的农家妇女在侧身织氆氇。不知为什么，我只看到她的双手在动，却听不到任何织机声。院子里静悄悄的，没有任何声音，似乎就连阳光的倾泻声都听到了。

我走到雕有卐字的下马石边，轻轻触摸它坑坑洼洼的石身，感受它的温润和凉爽。当年，赤江活佛在这里上马下马，留下棕色翘尖僧靴清晰的足印，也留下飘忽的陈年旧经卷味儿。我们在这块石头上洗衣洗菜，它的旁边是一口幽深的水井，每到冬天，当别的院

站在三楼可以看到二楼带有黑框的落地花窗

子的井水干涸时，赤江院里的井水依然充盈。祥啦整天敞开大门，任由外人进出背水，他自己不断地扫水砸冰。现在，大院已经接了自来水，那口老井成了点缀院子和天井的大花台。水井的木盖上摆满鲜花。下马石也成了花台，上面养了几盆各色的卓玛花。

沿着宽石阶上到二楼，我站在幽暗的回廊里，越过天井，探望当年我家的落地花窗，等待着收音机里的歌声从黄纱帘间漫漫溢出。我会听到《金色的大雁》，还是《流浪者之歌》？自己又踏着包有铜皮的旋转木梯，走到三楼的大阳台上。大阳台也摆满鲜花，还摊晒着大大小小的旧陶罐，黑黝黝闪着亮光。经幡在阳台远处的一角微微飘动。我嗅着鲜花和阳光的味道，走到宽宽的女儿墙边，靠在温热的墙上，闭上眼睛。

我希望听到古人幽幽的话语，听到活佛骑马回来的铜铃声，闻到浸染着藏香的旧经卷的味道，还希望遇见往昔那些飘忽的身影。在那些众多的身影中，有早已圆寂的赤江活佛，有行星般闪烁的根敦群培，还有另一位十多年前离世的老姑。我父亲的这位姑姑曾经是米琼日庵的尼姑，她一生都梦想着远游朝圣。在这个大阳台上，她给我讲过她在尼姑庵里艰苦的学经生活，还有骑着骡子和经师一起翻越雪山去印度朝佛。我还知道，为了解决旅途的盘缠，她在炎热的加尔各答做过小生意，还感染了天花病，清秀端庄的脸上留下一层浅浅的痘斑。老姑讲这些的时候，肯定是冬日，我们喜欢在冬天到阳台上晒太阳，带了卡垫和一壶热热的酥油茶，还有各自的木碗。

“你挪开点，冬天的阳光是有主人的。”年迈的老姑有时这么责备我。她的手里不断捻动着佛珠，一条黄毛巾搭在灰白光秃的脑袋上。

空气中飘散着淡淡的奶油香味，还有温暖的阳光的味道。自己微微合上眼睛，继续搜索记忆。当时除了我，还有谁挡住了老姑的阳光呢？我的记忆准确吗？我的想象出现了吗？似乎有，又似乎没有。眼前所有的景象都是飘忽的，仿佛梦中孤独的云朵，泛着蓝色的微光。

如今，院落依旧，物是人非。据说这个地方将要改成宾馆，接待源源不断到来的游客。赤江拉让，过客匆匆。

原载《中国西藏》2008年第3期

一家三代“德吉”的幸福情怀

德吉措姆

今年是西藏和平解放60周年。在庆祝辉煌六十载幸福一甲子的美好日子里，拉萨这座具有悠久历史、灿烂文化及浓郁传统特色的名城，这座欣欣向荣、充满现代生活气息的新城，这座慈悲为怀、充满温馨的家园，显得格外浪漫、格外迷人。我们一家三代“德吉”也无不欢欣鼓舞，全家人常常沉浸在感恩惜福、礼赞生命的盘点中。因为，我们是拉萨人，是幸福的拉萨人。

1978年作者与女儿、儿子

我们祖孙三代“德吉”中，

我是老大，名叫“德吉措姆”。在藏语里“德吉”是幸福、“措姆”是大海仙女的意思。虽然我不是生活在与世隔绝的龙宫、不食人间烟火的大海仙女，但我很喜欢这个吉祥而又飘逸的名字。因为，这个吉祥的名字伴随我走过了整整半个多世纪，见证了我在大半个人生路上所经历的点点滴滴、喜怒哀乐，见证了我从旧西藏走来，经过民院速成教育，如何从一个普通教师一步一个脚印走上了领导干部的岗位；见证了我所拥有的一个幸福家庭和优秀儿女们。当我打开时间的隧道，每每回顾走过的人生轨迹，细细品味一代胜过一代的幸福生活时，忍不住思绪万千,一种以本家三代“德吉”之名赞美家乡、赞美新生活的激情油然而生。

幸福的我——德吉措姆

记得1960年，拉萨刚和平解放的第二年，有一天我母亲兴冲冲地回家来，进门就拉着我的手说：“普姆（女儿），你现在跟你的名字一样，真的幸福了！刚才干部们动员我，送你去祖国内地读书，我知道你很想读书，所以已经答应送你去了，你一定要去啊！”我当时高兴得蹦了起来，因为上学是我最大的愿望，更何况是去内地呢。但静下心来一想，本来父亲就去世早，我这一走，谁来帮母亲照顾弟妹们？去？还是不去？我犹豫不决，母亲却以毅然决然的态度给我报了名。我走后，整整七年没有回过家，母亲一个人含辛茹苦抚养弟妹们长大成人，还送他们上学读书。虽然现在她老人家已经不在世了，但她的子女们都已经成家立业、生活幸福、事业有成。

1960年8月，我在去陕西咸阳西藏公学（西藏民族学院）的路上遇到了几件事，让我至今记忆犹新，难以忘怀。说出来也许有点儿好笑，可当时对我来说一点儿也不好笑。那是我们坐汽车到西宁

1966 年，作者母亲与她的五个儿女在龙王潭一角。

1964 年，作者参加全国普通话比赛时与陕西代表团合影。

1961 年作者与同学在陕西合影

后，边休整边准备坐火车去学校期间的事。

发新衣服啰！来自不同地方，操着不同口音，年龄参差不齐的同学们奔走相告，兴奋不已。我们这些同学特别是农牧区来的同学，肯定从来没有穿过这么崭新的、汉式的衣服，穿在身上又干净又方便。不少同学把爬满了虱子的氇氇衣换成统一的校服后，人也显得很精神，很健康。

我们换上新校服，在一个大操场集合等老师讲话。老师来了，先让我们全体原地坐下，然后把我从队伍里叫到他跟前。让我背对大家张开双脚双臂，脑袋略向右肩倾斜站着。我莫名其妙地摆好姿势等着。老师不慌不忙地说；“同学们，我今天先教你们认一个汉字，就是这位同学站着的姿势，念“女”，就是女同学的女。你们现在还不会念没关系。只要看到这个样子的字，女同学就可以上厕所了，旁边一定是男厕所。”就这样，我学会了平生第一个汉字“女”。从此同学们每到一地找厕所再也不用找老师问了。

我离开西宁的最后一顿晚饭，是在一家离驻地只有几百米的理发店里与素不相识的一对汉族夫妻一块吃的。那天白天，我跟在几个大姐姐后面闲逛，走到理发店门口，一位叔叔和一位阿姨见了我，特别热情，一个摸摸我的头发，一个摸摸我的脸，俩人笑着说着很高兴的样子。我什么也没有听懂。多亏了我们当中有个大姐姐，她过去在区上当过“通司”（翻译），她告诉我说，他们俩口子很喜欢你，一定要给你洗头，然后送你回去，我们就先回去了啊。他们一转身，夫妻俩一块儿动手把我的长头发洗了个一干二净，然后把我原来两根长辫子梳成了一根，还扎了两节红头绳，我在镜子前照了又照，好看极了。后来“文化大革命”中看到《红灯记》里铁梅梳的辫子，我就想起他们俩口子给我梳的辫子。这一生中就梳过这么一次扎了红头绳的辫子。看我这么高兴，他们俩一直笑个不停。最后还留我吃了一顿晚餐。从拉萨出发一路劳顿，还没有吃过这么香的饭菜呢。饭后，俩人各牵着我的一只手，像父母送孩子上学那样，亲亲热热把我送到了驻地。虽然我们彼此说不通一句话，全靠表情和手势沟通，但是，我们却像一家人。我当时太小不懂事，没留下任何联系方式，甚至连一句感谢的话都没说成，但是，这份浓浓的民族情意，深深的慈母之心，我将永远铭记在心。祝福好人一生平安！扎西德勒（吉祥如意）！

我们终于来到盼望已久的陕西省咸阳市。记得那天是个酷暑难耐的日子，耳朵里全是从未听见过的知了声，人们忙着吃西瓜，吃冰棍儿。先半年到校的同学们在校门口敲锣打鼓欢迎我们。

我们是西藏公学成立以来的第二批学员。那年先后和我一起入校的有 2700 多名来自西藏各地的学员，几乎全是西藏平叛改革时的翻身农牧民子女。虽然这批学员几乎没有什么文化，但思想进步、遵纪守法、勤劳朴实。由于是在特殊的历史条件下来到内地读书，因此，同学之间年龄悬殊，大的 30 多岁，小的才十几岁，但是彼此间能够平等团结、互助友爱。我当时就是班上年龄最小、最受班主任和大哥哥大姐姐们呵护的小同学。刚入校不久，我就戴上了红领巾，当上了少先队中队长，16 岁便加入了共青团组织。

四年以后，当我们的文化基础达到一定水平的时候，正赶上西藏急需一批专业技术人才，为适应形势需要，学校让我们直接转入专业学习。记得当时开设的专业有农业、林业、畜牧兽医、会计、师范、卫生、邮电等，我被分配学习师范专业。学师范、当教师是我一直梦寐以求的心愿，现在终于实现了，由衷的喜悦和自豪之感溢于言表，难以掩饰。

1967 年 8 月，终于结束学业，毕业回到西藏。我从容地走上了教师的工作岗位，先后教过小学、中学。虽不敢说桃李满天下，但也教过不少学生。我喜欢教书，因为教人的过程，其实也是自身学习提高的过程；我喜欢学生，跟他们在一起，感觉年轻，感觉快乐。可惜没过几年，学校让我从事中学和大学的教育行政管理工作。后来调区党委宣传部当教育处长（当时宣传部设立了教育处，后撤销）。所以，近 20 年的教育生涯，使我终身受益，收获颇丰。简单地说，一是这么多年一直跟随老师、教授、专家（他们多为老西藏）工作，从他们身上学到了许多好思想、好传统、好作风。二是学校的学习风气浓厚，因此，促使我多看书、多学习，有时候还写点儿小说什么的。总之，那时候在学校工作，是一件十分愉快的事情。

1984 年，我从西藏农牧学院调到区党委宣传部，1986 年，组织上又任命我爱人洛桑顿珠同志到山南地区担任行署专员、地委副书记，真是计划不如变化快。我们一家人商量后，一致赞成我主动提出调山南工作。经组织批准，我到山南地委宣传部任部长。就这样，我们一家人高高兴兴落户到了山南。后来，女儿从泽当东辉中学考上了西藏大学，儿子也在地区考进公安系统。1990 年我先于爱

作者（前排右四）参加全国妇女第九次代表大会

人调回拉萨工作，安排我担任区党委办公厅秘书处副处长。这个岗位让我站在了一个新的起点上，经受了锻炼，拓宽了视野，增长了知识，积累了宝贵的精神财富。为后来担任自治区文化厅厅长、党组书记，奠定了坚实的基础。2001 年 9 月自治区第六次党代会召开了，新一届区党委领导班子选举产生了，我当选为区党委常委，进了领导班子。我深感荣誉和责任同在、信任和期望同在，唯有努力工作、克己奉公，才对得起组织的培养教育。人贵有自知之明，所以我总对爱人说，到区党委工作，这是国家的民族政策、妇女政策的光辉照到了我身上，我一定不辜负妇女姐妹的期望。五年后党委换届，我被安排到了自治区政协工作，直到 2011 年元月退休。

在我成长进步的道路上，除了组织的培养教育和同事的帮助支持外，还有一个人对我起到了潜移默化、影响一生的重要作用。他就是我的爱人洛桑顿珠同志。我在前面讲过，他在山南当了 6 年专员以后，调拉萨市当市长，担任过自治区政府常务副主席，人大常委会副主任、党组副书记。他参加工作时间比我早，走上领导岗位的时间也比我早，所以阅历比我深厚，经验比我丰富。他办事稳重，思路清晰，敢作敢为。这和他小时候吃过许多苦，长大后也经历过不少磨难有关。但他总能以博大的胸怀把困难和挫折视为宝贵的精神财富，作为动力，练就了自己一身的正气、胆略和忠诚。经过 40 年的风风雨雨，我们朝夕相处，相濡以沫。今天，我想送给他一句话：和纯粹的人在一起，可以幸福一生。

现在对我来说，拥有了一个幸福美满的家庭，丈夫很优秀、儿女很孝顺，家族里的兄弟姐妹们和睦相处，为社会贡献着力量，还有什么比这更重要更幸福的呢？此时此刻，作为长辈、作为母亲，我想对年轻的朋友们和我的孩子们说：你们是多么幸福、多么快乐的一代呀！请好好珍惜吧！好好创造未来更加美好的幸福生活吧！

幸福的女儿——德吉桑姆

德吉桑姆这个名字，是我们夫妻俩苦思冥想给孩子取的名。这事要搁在和平解放前，那一定是做父母的捧着哈达和礼金，请求老爷或活佛赐名。如今时代不同了，人人平等了，自己能心安理得地给自己的孩子起名字，感觉真是开心自在。

藏族人一听德吉桑姆这个名字，第一感觉一定是，该女子既漂亮又善良。没错，我们女儿是名副其实的。首先，“德吉”二字充分体现了幸福时代的呼唤，正如我母亲当年抱着她刚出生的孙女说：“如今生活这么幸福，不叫‘德吉’还叫什么呢？”其次，我这个当妈的名字也是“德吉”开头，幸福生活应该代代延续，祝福永远。

“桑姆”二字，是从我们夫妻二人的名字中，各取一个字组成的。一是体现我们婚姻生活的幸福结晶，二是组成“桑姆”这个词的内容很美妙。翻成汉语是“淑女”之意，用通俗的话说是温和善良之女。

德吉桑姆从小长得聪明可爱，一张小圆脸总带着逗人的微笑，时不时说出一些稚嫩无邪让人发笑的经典语句，给我们带来快乐和笑声。我举两个小例子分享一下，有一次她从幼儿园回家，先是满脸堆笑地说：“爸爸、妈妈，那些好人叫我小胖子哟！”停一下脸一沉又说：“那些坏人叫我胡司令！哼！”她说的胡司令是样板戏《沙家浜》里的伪军官胡传魁。当时屋里的人听她这么一说，全都大笑起来，她自己还不知道是怎么回事呢！另外一次是，当年单位要求每人打猪草，按规定时间和数量上缴。有一天中午，她爸爸（当时主持单位工作很忙）在家午休，我乘午休时间带着女儿打猪草去了。我们打完猪草回家的路上，天突然黑下来，并下起了雨。我急忙搁下背上的竹筐，脱下衣服盖在女儿的头上，然后背上筐子，牵着她的小手一步一步往家赶。走着走着她停下脚步看着我淋湿的脸，垫起脚跟，擦擦我脸上的雨水说：“妈妈，爸爸为什么像地主一样在家里睡觉？我们俩好像穷人哦！”我当时听了想哭又想笑，心情很激动，感觉到她是个心地善良、单纯可爱的好孩子。

德吉桑姆的童年生活，跟我的童年相比，当然一个天上、一个地下，她是幸福的。可是跟现在的孩子相比，还是差远了。那时候，孩子的学习用品简单、花样少，玩具也少，漂亮点儿的童装更买不到。电子产品之类的基本上见不到，连看电视都是件稀罕的事。当时我们单位大礼堂的舞台上，一边一台电视机，大人小孩都挤在一起看《霍元甲》《射雕英雄传》等录像片。前不久，当我为当年亏欠儿女太多而屡发感慨时，已为人母的女儿说：“妈妈，你们真的没有

1995 年作者在北京世界妇女大会上作主旨发言

作者一家人在山南工作期间

亏欠我们什么。如果说有些缺憾，也不是你们造成的。真的，我反倒觉得那时候我们的生活比现在的孩子轻松、愉快。比如放学回家后，做完作业还有时间出去玩耍、唱歌跳舞、捉迷藏、过家家，还学电影里的英雄去牺牲，有的学叛徒被枪毙。很有意思，很开心的。”女儿说得也对，那时候的孩子，虽然生活并不富裕，但是，他们确实开心、健康、充满情趣。她自己就是这样，业余时间喜欢读书学习。从小学四年级开始，就能够阅读中外名著了。不仅能把书里的故事讲给别人听，还能现编现讲故事，她弟弟和小朋友们经常凑在一起听姐姐讲故事，听得入迷。德吉桑姆就是在这样简单的童年生活中上完了幼儿园和小学，当她中学毕业后，顺利考上了大学。毕业后她成了我们家族中第一个接受完整、系统现代教育的大学生，给家族带来了荣耀，也给自己的健康成长奠定了基础。这一点正是我最羡慕孩子的地方，她们真是赶上了好时代。

在拉萨，德吉桑姆已是一个小有名气的爱心人士了。曾经一段较长的时间，她从事的本职工作就是慈善事业。一方面出门游说、广交朋友，多方筹集资金救助困难群体，办好希望小学等。另一方面，她身边团结了一大批爱心人士，他们都是招之即来、来之就能伸出援助之手的好心人。包括区内外演艺界、企业界、党政机关、社会各族各界爱心人士。除了依靠社会力量的支持，她还会经常带头献爱心，并积极发动父母及家庭成员、亲朋好友投入到送温暖献爱心活动中。

德吉桑姆虽然年轻，但思想成熟、作风扎实、与时俱进、勇于开拓创新。她穿戴打扮时尚又得体。她的超前意识、保健意识、消费观念和对电子网络的熟悉运用等等，对我也有许多启示和帮助，值得我学习呢。跟她这样的年轻人在一起，我们老年人的生活也变得丰富多彩、富有活力。如今我们家族中的小字辈们也这样称赞她："姐姐是我们心中的偶像！"

幸福的孙女——德吉龙珍

德吉龙珍是我们三代"德吉"中最小的"德吉"，今年 11 岁了。她有个小名叫"宝宝"，从小叫到现在，许多人还不知道她的真名呢。有一次，我们的一个朋友说他认识宝宝，正好可以开车到学校接她，在校门口等了很久也不见人，朋友只好到教室里找老师问宝宝回家了没有。老师问哪个宝宝，朋友说就是宝宝呀。老师很无奈地说学校里宝宝很多，不说名字怎么找？朋友很尴尬。其实，德吉龙珍这个名字很好记，而且内涵深刻，很有意义。德吉龙珍的"德吉" 二字已在前面说过了，不再赘述。"龙珍"二字有讲究，首先，"龙珍"在藏语中是"持宝"或"抓宝"的意思。我想，金银珠宝固然是宝，但我们追寻的宝终究应该是幸福生活，所以，要把幸福当作宝，牢牢抓住不放手。其次，宝宝是龙年出生的，从她呱呱坠地的那一刻起几乎没有多少哭闹声，有的是小天使般甜甜的微笑。医院接生的护士们抢着抱她，叔叔阿姨、爷爷奶奶谁见了她都爱不释手。她来到这个世界，给我们一家增添了无穷的乐趣，我们好比收获了龙年的珍宝。再次，德吉龙珍是龙年的九月九日出生的，这一天正好是毛主席逝世的日子。从她牙牙学语开始，就会说“毛主席毛主席”。对毛主席有特别的感情。4 岁那年，保姆带她去参观布达拉宫，走到一个经堂里她就自己跪下给佛像磕头，然后站起来举起小手喊：“毛主席万岁！毛主席万岁！”当时在场的僧人和转经的人群纷纷捂着嘴偷着乐呢。长大后她对毛主席更加崇敬。2012 年初，我们带她去了海南省三亚市度假，听说乐东县境内有座毛公山，它的山形极像毛主席仪态，我们全家慕名前往瞻仰。果然不假，从山下远远望去，就像毛主席安详地仰卧着，其形态、神情和仪表与晚年的毛主席一模一样。这种神奇的巧合如果不是亲眼所见难以置信。这座由原名保国山改成毛公山的地方，还有许多奇妙的传说。参观回来后，德吉龙珍写了一篇观后感，写得很感人，这里我只摘选了文章结尾的两句话。她写道：“我从心底里知道，不管迷信也好不迷信也罢，总之毛主席是位神人。他为人民造福，让人民安居乐业，毛爷爷您永远是人民心中的红太阳。”这两句话简直不像是一个小孩子说的，我非常吃惊，总感觉在德吉龙珍的心里，深藏着难以言表的毛主席情结。

德吉龙珍是个漂亮的小女孩，她高挑的身材、清秀的脸蛋儿、高鼻梁上挂着一对又细又黑的眉毛，像是描画的弯月亮。红红的小嘴一张一合，说话时像林中小鸟晨啼的声音，清脆悦耳。在学校，她是老师喜欢的好学生，在家里，她是家人喜欢的好孩子。对弟弟妹妹们十分爱护和谦让。特别是对她的表弟洛桑俊美更是关心有加，处处表现出当姐姐的风度。当然，她表弟也是讨人喜欢的乖孩子，长得一表人才，学习好、尊敬老师、喜欢姐姐。

德吉龙珍性格开朗、能歌善舞。家里来客人，无论认识的还是不认识的，她总是笑脸相迎，倒酥油茶、端糖果等。她妈妈的同学和朋友，她都认识，也成了她的朋友。亲朋好友聚会吃饭，只要她在场，无论人多人少，无论上酒店还是在家里，她都会像一只彩蝶那样闪烁在人群中，唱歌跳舞让大家度过愉快的时光。

2006 年作者与孙女、孙子

她也是一个心地善良、充满爱心的小女孩。看见谁欺负小朋友、欺负弱者或虐待小动物的时候，她会反对会阻止。电视上看到伤心的事，她会落泪难过。当汶川、玉树等发生大地震时，她不仅积极参加学校组织的捐款活动，而且回到家里自制爱心捐款纸箱，组织家人捐款，谁不积极就批谁。2008 年拉萨发生“3・14”事件后，她代表全区小学生跟着大人们到医院看望慰问受伤人员，回到家里马上给家人制定了八条纪律，贴在墙上叫我们天天看，并规定包括保姆在内必须遵守。记得第一条就是不许说破坏民族团结的话。第二条是不许做破坏祖国统一的事情。第三条是不许说脏话、骂人的话……她要求别人做的事，自己也能努力做到，尽管她还是个孩子。这样阳光、这样可爱的小女孩，我相信将来她的人生，一定会更精彩、更美好！

我们祖孙三代“德吉”，作为拉萨人，感到无比自豪。虽然拉萨

三代“德吉”在北京

城市不大，也不很富裕，但总能让我们感觉很温馨、很享福、很快乐！不是吗？拉萨“吉曲”（幸福水）河水惊涛拍岸的美妙韵味，不正为拉萨人的幸福安康而欢呼歌唱吗？再看那圣城四周八瓣莲花般的群山，披着翠绿的衣裳，头顶洁白的哈达，在蓝天白云的衬托下，不正为幸福拉萨的辉煌未来而祝福喝彩吗？

腾飞吧拉萨，格桑花永远为你而盛开！

原载《中国西藏》2012 年第 1 期

附　录

五年，清晰而坚实的脚印

春天，当拉萨河畔杨柳返青的时候，《中国西藏》杂志已经走过了整整五年的路程。回头看看，我们的脚印是清晰而坚实的。

五年来，由于社会各界的爱护和扶植，新闻媒体的关注和介绍，《中国西藏》已走出国门，拥有一批热情而稳定的读者。他们是国内外藏胞、藏学家、关心西藏的政治家和倾心探索“那片神秘土地”的旅行者……一封封读者来信，架起了读者和编者的桥梁，藏区建一座电站、修一座寺院、出版一本藏学专著，都会引起他们热情的回响。一位美国读者，两次来信希望我们刊登最详尽的西藏地图，好让他在上面找到文章中提到的地方，这些使编者感动而且欢欣。凡是读者希求的，我们都会努力去做。《中国西藏》汉、英文版从 1994 年起，由季刊改为双月刊，将向读者报道更多西藏的新情况，交流更多西藏和其他藏区的新信息。

一些读者来信，希望更多、更快地了解西藏现实发展建设情形和西藏人民的生活状况。从本期起，我们将利用更多的篇幅向大家介绍西藏在社会主义市场经济建设过程中，全体人民齐心协力建设家园及中央政府、全国各族人民支持帮助西藏加快发展的情况。

本期我们刊发的邓小平同志《立足民族平等，加快西藏发展》一文，是他 1987 年 6 月 29 日会见美国前总统卡特时谈话的一部分。邓小平参与了从进军西藏、平叛改革、成立自治区、开展社会主义建设的重要决策和组织领导工作，其民族平等思想贯彻始终，加快西藏发展，正是邓小平建设中国特色社会主义理论的重要体现。这篇文章的公开发表，对西藏的建设和发展将会产生重大意义。

本期我们用较大篇幅，与西藏旅游局合编了“西藏旅游专号”。改革开放以来，西藏向世界各国敞开了大门，海内外旅游者纷至沓来，西藏旅游事业随之蓬勃兴起。旅游业作为一项新兴的产业，在西藏发展是非常可观的。西藏古老的文化、神秘的宗教、瑰丽的景观、独特的风俗，早已是世界各国旅游者热烈向往与追求的目标，今天这种向往与追求已经变成了现实。西藏现有各类涉外宾馆、饭店等 24 家，客房 1836 间，床位 4100 张，其中被评定为星级的宾馆、饭店 7 家。开放国家级风景名胜区、历史名城、文物保护地 27 处，山峰 44 座，景点 50 余处。交通条件得到明显改善。旅游机构日臻完善，以藏族为主体的导游、翻译、服务、管理人员队伍初步形成。海内外旅游者已由单一的文化观光转向观光与特种旅游相结合。文化旅游、民俗旅游、登山、探险以及徒步旅游正在蓬勃兴起，吸引了越来越多的旅游者。从 1980 年到 1992 年，海外观光者达 17 万之多，最多的一年有 43000 多人次。50 年前，外国人在拉萨还被当作怪物一样围观，如今，藏北纳木湖边、藏南青浦峡峪，以及许多鲜为人知的地方，外国观光客随处可见，拉萨就更不用提了。西藏欢迎更多的国外朋友和港澳台同胞，到西藏来进行赏心悦目的高原之旅。

原载《中国西藏》1994 年第 1 期

《中国西藏》十年纪事

1999年2月15日，是《中国西藏》杂志创刊10周年，是这本年轻刊物的10周岁生日，我们并不想高燃红烛庆贺，只是想回顾一下10年走过的路。做了些什么，还没有做的又是什么；有哪些满意之处，又有哪些遗憾。平心而论，杂志社仅有几个人，十年如一日勤奋地工作着，已经尽了心，尽了力了。但是，今后的日子，还有更多的事情在等着我们。生日，只是下一个10年的新起点。我们将始终牢记把一个真实的西藏告诉整个世界的初衷，和支持我们的作者、热爱我们的读者一起走向新的21世纪。也许，记下10年间我们做过的一些有意义的事情，并不是多余的吧。

1989年（藏历土蛇年）

2月15日，汉文版春季号（试刊）问世，刊出华子撰写的《评中央政府与达赖喇嘛的谈判》，在国内外引起广泛的关注和重视。

《卷首语》表明了本刊的宗旨："这是中国出版的一种向海外发行的专门报道今日西藏详情的综合性刊物。""中国西藏季刊能为您开启一扇认识西藏的窗户，为您架设一座沟通心灵的桥梁。"

刊物付印之际，传来十世班禅额尔德尼·确吉坚赞逝世的噩耗，于是赶紧增页，报道治丧情形。班禅大师圆寂和转世自然而然成为当年本刊的重要主题。余下各期连续刊载怀念大师的文章和回忆录，还刊发了《关于活佛转世的历史资料》《达赖、班禅的转世与封号》（拉巴平措）、《寻访灵童史话》（国庆）、《班禅转世问题面面观》（明华）、《活佛转世制度的形成及其传统做法》（石山）等，哀悼大师逝世，同时介绍活佛转世的大量背景性材料。

秋季刊《藏学硕士》（德吉）一文，介绍中央民族学院王尧、王辅仁、李秉铨、苏晋仁、吴丰培教授等指导的 12 位硕士研究生，9 名藏族、2 名汉族、1 名回族。他们是：王维强、褚俊杰、王定朴、阿旺、拉毛措（女）、冯智（洛桑居勉）、王文静（女）、杨清芬（丹巴拉姆，女）、张文林、袁明之、欧声明、苏发祥。当年他们还是初出茅庐作腼腆状，如今大都成为在学术领域崭露头角、成果丰硕的中青年藏学家了。

1990 年（藏历铁马年）

铁马奔腾，90 年代第一春，汉英文版（季刊）正式出刊。4 月 15 日，本刊和民族出版社在民族文化宫礼堂举行创刊座谈会，国家民委主任司马义·艾买提出席。全国人大常委会副委员长阿沛·阿旺晋美发表讲话热烈祝贺。之后国内外新闻媒体广为报道，海外读者也争相来信支持。巴黎《欧洲时报》报道："中、英两种文版的《中国西藏》杂志季刊，最近在北京正式创刊，从而结束了 40 年来西藏没有一份面向世界并在国际上发行的刊物的历史。”香港读者王先生在来信中热情洋溢地说：“四十年来我一直十分关注我们国家的对外宣传工作，如今看到我们国家能够出版这样高水平的对外宣传杂志，实在值得祝贺。”美国加州一位读者在来信中说：“《中国西藏》在美国这种被神话与谎言禁锢的环境中送来一阵受人欢迎的新鲜空气。”总之，国内外读者都对本刊的出版热烈欢迎并寄予厚望。

1989 年 6 月 15 日，十四世达赖喇嘛在法国斯特拉斯堡发表了一个所谓解决“西藏问题”的“新建议”，其实质仍然是坚持“西藏独立”的主张，这一“建议”被西方某些人士和新闻媒体炒得很热，本刊有责任对西藏历史和现实两方面的事实进行澄清。春季号刊沙舟《斯特拉斯堡“建议”的实质是什么》，夏季号刊尼玛次仁《西藏与祖国关系的历史渊源》、洛桑《论西藏历史上的供施关系》，秋季号刊浩明《是民族关系，更是政治隶属关系》、罗群《评“西藏人民自治权”》等。

连载余梅《拉萨人》系列报道，把读者带进一户户普通拉萨居民的家，一年后结集成书，由新星出版社出版。刊发郭翠琴、索朗白姆《西藏十一位小活佛》，记述策墨林、热振、达扎、洛桑巴、扎唐等 11 位格鲁派、噶举派活佛的经历，引起读者浓厚的兴趣。也有读者反映：“他们都是大活佛，不是小活佛！”

秋季号为昌都专页，冬季号为阿里专页。时逢马年，冈底斯神山，玛旁雍错圣湖有 12 年一度的大规模朝山转湖活动，《西藏日报》记者益西加措为阿里专页写了 3 篇报道，语言质朴、文笔流畅。此公擅长写作，但身材较矮，自称“袖珍藏人”。

是年亚运会在北京举行，本刊与西藏群艺馆合作，在民族文化宫展览馆举办《西藏民间艺术藏品展》，首次向海内外推出西藏美术家叶星生民间艺术藏品300件，阿沛·阿旺晋美、司马义·艾买提、热地等为展览剪彩。中外参观者络绎不绝，30余家新闻媒体作了报道。此次展览受到文化部嘉奖。同年全国期刊评奖，本刊获总体设计二等奖。

冬，派记者赴藏采访。召开座谈会征询各界人士意见，正式聘请新华社西藏分社记者朗杰、中央人民广播电台驻拉萨记者旺堆、西藏日报社记者郝桂尧为特约记者，并聘请特约通讯员多人，走一条“小编辑部大社会”之路。

1991年（藏历铁羊年）

羊年是吉祥年，40年前西藏和平解放。从春季号开始刊物便热闹起来，大量刊登这一伟大历史事件的亲历者、当事人的文章和回忆，还有许多老照片。阿沛·阿旺晋美，西藏地方政府首席全权代表；雪康·索朗达杰，当年陪同中央人民政府代表张经武到拉萨的地方政府官员，朋措扎西，张经武的主要助手；江平，当年中央人民政府首席全权代表李维汉的秘书；黄明信，《十七条协议》草拟时的藏文翻译；热地，西藏和平解放后成长起来的一代藏族代表。回忆往事让他们青春焕发、倍感光荣，也使广大读者深受教益。本刊嘉仁所写《阿沛·阿旺晋美和他的儿女们》，记录了这位历史老人的家庭琐事和儿女亲情，从侧面反映了40年来西藏的深刻变化。多家报刊转载，并获征文奖。

刊物是丰富多彩的，有严肃的政治评论，也有轻松的文化话题、民俗风情、生活情趣，读者如入林间花地，有目不暇接之感。边多、张鹰通过本刊首次向外界公布“日土岩画”的发现，武振华在本刊发表了世界上海拔最高的湖泊是西藏的纳木湖，而不是玻利维亚的的的喀喀湖的新见解。多穷、彭树杰向世界报告：拉萨，中国污染最轻的城市。本刊编辑吴祎写了几篇文章，讲怎样抽鼻烟，炼酥油，抓糌粑，都是西藏最普通的事，但是她讲得娓娓动听，妙趣横生，具有民俗和生活内涵，读之真切可信，表明她对西藏生活的谙熟。

刊物开辟新栏目，系统介绍西藏高级知识分子，诸如学者东嘎·洛桑赤列、群培多吉、钦绕维色、益西强秋；画师安多强巴、益西西绕；艺术家大旺堆、洛桑多吉；藏医专家强巴赤列、崔成坚赞、嘎玛群培、米玛益西、大益西坚赞等。

5月，本刊编辑张晓明进藏采访西藏和平解放40周年庆典。其余人员留京与西藏摄影家协会同仁联合举办《雪域风情摄影展》，费孝通、司马义·艾买提、杨静仁、赵朴初、平措旺杰等为摄影展题词作赋、馈赠墨宝。

此后，本刊编辑廖东凡、丹巴拉姆进藏，深入堆龙德庆县农村调查采访近两个月，统计了90户农民33年间的生产、生活、社会地位变化，调查了十四世达赖家族的色新庄园的今昔。他们与当地农民同吃同住，促膝谈心，认真记录了基层干部和群众方方面面的意见和要求。农民们说：“这样下来好，希望你们多来！”

1992年（藏历水猴年）

本刊在这一年里充满吉祥与丰收，藏历新年，举行盛大歌舞联欢会，宣布藏文版创刊。接着主办“西藏的历史与现状理论研讨会”，全国数十位藏学家、法学家宣读论文20余篇，从史实和法理两个方面批驳达赖喇嘛的“法律顾问”范·普拉赫歪曲西藏历史和现状的种种谬论。年内陆续发表恰白·次旦平措《略述新旧西藏人之人权》、柳陞祺《评范·普拉赫先生的西藏史观及其他》、吴丰培《谈民国时期西藏地方政府与中央的关系》、索朗班觉《供施关系的实质是政治上的隶属关系》、洛桑格勒《也谈西藏的地位问题》、直云《评范·普拉赫的“西藏自决论”》《西藏人权问题的实质何在？》等文章，在国内外引起广泛的反响。

开辟《高原农家》新栏目，先后刊发《我东嘎次珠赶上了好时光》《格列的三起三落》《降伏冰雹的咒师仁增朗杰》《色新村，五位农民的述说》等，展示了西藏农民的新生活、新视角，为多种文摘报刊摘登。

特约记者旺堆和郝桂尧连续发表人物特写，写拉萨江洛金一家，写哲蚌寺下面的丹玛森康女巫，写著名的六弦琴弹唱艺人益西卓玛，写当代藏医大师措如·次朗，这些特写很受读者欢迎，他俩被称为“黄金搭档”。此外，仁真洛色的《夏克刀登传奇的一生》、喜饶尼玛的《南京政府的女特使》，介绍了现代史上颇有知名度的人物，很受人们青睐。

六世热振活佛·单增晋美多次为本刊撰稿，并对杂志十分关心，春季号刊发他撰写的《热振寺的“帕邦塘廓”节》，稿子长达万言，发表时删去一半，活佛1997年不幸圆寂，本刊发表了吴雨初《人与活佛，难忘的隔世之谊——追忆故友六世热振·单增晋美活佛》，以寄托哀思。

今夏，本刊记者吴祎、周爱明进藏，报道西藏第四次人口普查和“一江两河”开发。秋，编辑《西藏文化专辑》，介绍中国藏学今昔（拉巴平措）、西藏考古发现（晓浩）、神奇的藏医藏药（多吉占堆）等。连续报道十七世噶玛巴活佛寻访、认定、坐床情况，在国内外引起热烈反响。

1993年（藏历水鸡年）

编辑部改成杂志社，独立编辑出版，各项工作均有进展，国内外订户稳步上升。秋天，派记者张晓明、丹巴拉姆进藏采访，主要报道十世班禅大师灵塔开光盛典。出版“扎什伦布寺专号”。冬天，组织拉萨市歌舞团赴台演出，廖东凡、张晓明随行采访，历时一个月，演遍大半个台湾、开海峡两岸藏族文化交流之先河，也增进了刊物在彼岸的影响。

1994年（藏历水狗年）

汉、英文版改为双月刊。第一期刊登邓小平会见美国前总统卡特的谈话《立足民族平等，加快西藏发展》，配发程然撰写的评论《平等的政策，发展的政策》。此前，程然还为本刊撰写多篇评论。本期推出“西藏旅游专号”，刊发了马晋康《西藏旅游答客问》等多篇文章，详细讲解进藏手续办理、交通工具、旅游路线、旅游设施、旅游注意事项等等，介绍阿里、藏北、雅鲁藏布江沿线人文等和自然景观，引导国内外读者进行赏心悦目的雪域之旅。此前，刊发已故西藏旅游局局长阿沛·仁青的《雪域的大门向全世界旅游者敞开》。

本刊编辑周爱明负责的《自然与资源》栏目从本年开始推出，连续5年持之以恒，许多著名学者、专家均为本栏目热心作者，它导引读者在西藏高原进行生态旅游。杨逸畴教授关于雅鲁藏布江大峡谷的多篇专题文章，周正教授连续报道云南藏区梅里雪山中日登山队员遇难、寻找和发现的经过，为本栏目增色。

巴桑罗布撰写的《从一九九三年换届选举看西藏人民之人权》，列举大量数据证明西藏人民充分享有选举权和被选举权，引起国内外广泛注意。同年第4期推出“布达拉宫维修专辑”，向世界介绍这项历时 5 年，耗资 5000 万人民币的伟大维修工程，引导读者沿着巨石垒成的蹬道进入这座被联合国教科文组织列为“世界文化遗产”的神宫秘阙中，里里外外观瞻一回。

1995 年（藏历木猪年）

中央召开的第三次西藏工作座谈会，决定各部委和各省市、自治区援助西藏建设 62 项工程，本刊开设专门栏目，跟踪报道援藏工程进展情况。多吉占堆采写的《四十三项工程惠泽今日高原》、张晓明采写的《援助西藏六十二项工程已隆隆启动》，揭开报道序幕。同期还刊发丹增、陈立健、洛桑坚赞采写的《贡唐仓活佛时轮灌顶大法会》，向世界表明雪域藏族人民享有充分的宗教信仰自由。

西藏是文艺之乡、歌舞海洋，近 40 年来特别是改革开放以来，文化艺术日趋繁荣昌盛，传统文化得到很好的保护和弘扬。但是国外某些人总是不厌其烦地宣扬“西藏文化毁灭了”“传统文化荡然无存”。本刊与西藏文联共同编辑“西藏文学艺术专号”，向世界打开西藏文化艺术之窗，让广大读者特别是海外读者看看神奇瑰丽、百花争艳的雪域高原文坛风景线。西藏文联主席强巴平措发表《走向世界的西藏文学艺术》一文。我国当代最负盛名的文艺家冰心、曹禺、钟敬文欣然命笔题词，中国文联负责人高占祥也题词祝贺。

是年正值西藏自治区成立 30 周年，本刊出版专号，自治区政府主席江村罗布专门撰文回顾了 30 年的伟大成就，专号还发表了自治区政府副主席吉普·平措次登的专访文章。封面刊发自治区 5 位政府主席的照片：阿沛·阿旺晋美、天宝、多杰才旦、多吉才让、江村罗布。

十世班禅大师圆寂已经 6 年，扎什伦布寺通过诵经、占卜，圣湖观影等宗教仪轨，并派出多批高僧活佛在西藏各地和青海、四川、甘肃、云南藏区寻访，发现具有灵异特征并属相符合的儿童多名，中央决定通过金瓶掣签的历史定制认定班禅大师的转世灵童，在国内外引起极大兴趣和关注。本刊专门出增刊“金瓶掣签专号”，介绍这一历史定制的形成和实施过程，刊发各地藏传佛教代表人物的意见和建议。11 月，派记者赴藏，实地采访灵童认定、坐床的 20 世纪难得一睹的佛门盛事。

是年，本刊荣获全国优秀社科期刊称号，获此殊荣的全国仅 21 家。

1996 年（藏历水鼠年）

5 月，本刊与西藏社科院联合组织汉译《西藏通史——松石宝串》，经过一年反复审校、修改之后，终于与读者见面了。这部长达百万字的史学巨著，是由恰白・次旦平措、诺章・吴坚、平措次仁编写，陈庆英、格桑益西、何宗英、许德存汉译，出版后在广大藏学爱好者中引起强烈反响，书籍供不应求。本刊将出版经过再次认真校审的修订本。

世纪末将至，流亡国外的西藏分裂主义势力加紧了“西藏独立”和“变相独立”的宣传。“本刊论坛”和“藏事漫评”专栏，连续刊发文章进行揭露和批判。诸如《从国际视野看达赖喇嘛》（直云）、《达赖喇嘛与麻原勾结的实质》（沙舟）、《是利藏，还是害藏？》（王贵、旺堆）、《评达赖喇嘛在班禅转世问题上的表演》（多杰才旦）、文章一经刊出，国内外读者争相传看，影响相当广泛。年内，本刊记者分别到了欧洲、美洲和印度、尼泊尔诸国，广泛接触了各地的藏胞，更加深切地感受到他们反对分裂、心向祖国、思念故乡的强烈愿望。本刊记者嘉任发表的旅印、旅尼藏胞印象，真真切切地写出了许多海外藏胞内心的向往和苦衷。

1997年（藏历水牛年）

牛年，意味着辛勤耕耘。新年伊始，稿件从西藏和其他藏区传来、寄来，杂志社小小的房间与高原雪域紧紧相连，弥漫着盈盈喜气。女作家马丽华和周明江的《来自那曲草原的报告》、社会学家徐平的《帕拉庄园朗生村的变迁》，特别是本刊特约记者朗杰深入人迹罕至的喜马拉雅山区，采访了数十位普通人和特殊人物，为本刊供稿14篇，使广大读者有机会接触到这个地球上最为偏僻的角落里当代人的生产生活和精神面貌。

夏天，记者廖东凡、文群太进藏采访62项援藏工程，历时45天，行程数千公里，走过拉萨、山南、林芝、日喀则15个县，实地察看了34项工程，在各地开了调查会和座谈会。他们此行看了西藏新面貌，掌握了第一手材料，收获颇丰。然而，在高原藏地采访并非万事顺遂。在海拔5200米的布丹拉雪山，大雨滂沱，几乎无法行进；在米林路段，山洪暴发，十数公里一片汪洋，冒险从索桥上过雅鲁藏布江；在东久河边，泥石流阻塞，下车与道班工人、过路游客并肩排险8小时之久。这时会想："不经历一些艰险，怎么会对西藏加深记忆呢？"

在拉萨，召开座谈会，听取拉萨各界人士的批评建议。自治区人大常委会主任热地作了《把真实的西藏介绍给世界》的长篇发言，对本刊很有启迪。多年来，西藏自治区干部群众对本刊非常关心爱护，给予多方支持鼓励，自治区领导热地、江村罗布、列确多次接受本刊记者的采访，丹增、拉巴平措、次仁卓嘎、龚达希都是本刊最热心的作者。

初冬在成都举办首届特约通讯员培训班，培训来自西藏、青海、甘肃、四川、云南的学员20多人。聘请四川藏学专家任新建（多吉）、仁真洛色、谢刚政等讲课，本刊编辑亦走上课堂，开设采访、写作、编辑、摄影等讲座。学员们回到所在地后，在组稿、写稿、发行等方面做了大量的工作。

1998年（藏历土虎年）

9年耕耘，今年应是收获年。3月，杂志社被全国妇联、国家民委授予民族团结妇女先进集体称号；5月，杂志社被中国妇联命名为三八红旗单位。这是本刊全体同仁的光荣，也标示本社女性的地位和所发挥的能量。

藏文版改为双月刊。第1期发表华子的《评中央政府与达赖喇嘛的谈判》，指出近年来谈判迟迟未能实现的症结所在。同期开始连载阎振中长篇报道，介绍了投资10亿、历时5年的西藏“一江两河”整治工程。10年前的荒凉河谷风沙库，如今已成河清树绿惬意洲了。丹巴拉姆、周爱明、廖东凡采写的我国第一代藏族飞行员访问记，通过他们从地上的苦孩子到云间吉祥鸟的经历，生动地体现了新时代藏族人的命运。四川大学霍巍教授和李永宪教授、国家文物局侯石柱先生，西藏文物局索朗旺堆先生是本刊文物考古方面的资深作者，本年第1期发表霍巍教授写的《东嘎皮央：佛教王国昔日的辉煌》，向国内外读者揭示出一个鲜为人知的佛教艺术宝库。此前，他还介绍过藏尼古道上考古新发现的公元7世纪的唐碑。

美国好莱坞摄制了反华电影《在藏七年》，一些国际舆论大肆吹捧、煞有介事。3月，全国政协副主席阿沛·阿旺晋美会见香港《南华早报》记者白克尔先生，以其亲身经历指出这部电影是违背历史、违反事实、胡编乱造、黑白颠倒的，其目的是为达赖一伙搞“藏独”张目。本刊全文刊载了这篇谈话，不少读者反映，读了这篇谈话明白了许多历史问题和政治问题。

本刊记者编辑廖东凡、张晓明、周爱明，摄影作者陈宗烈历时3年，精心编写的大型图册《图说西藏古今》，8月由香港三联书店出版发行。该书通过76个专题、350多幅珍贵图片，深入浅出地介绍了西藏两千多年来的政治、经济、社会、宗教、文化、艺术等方面的发展和变迁，可以说是对西藏的一次全方位的整体性展示。出版后仅3个星期，即售出三分之二，为三联书店销售最快的少数几种书之一。

8月，本刊出版“中甸专号”。

9月，组织西藏藏医专家赴台参加海峡两岸藏医汉医研讨会。

时光流逝、岁月悠悠，今年是本刊创刊10周年。全社同仁正在编辑第1期“西藏民主改革四十周年专号”，同时努力编写《西藏，六十二项大庆工程》图文集、《图片：西藏百年》，以纪念这个具有历史意义的日子和本刊创刊10周年。

原载《中国西藏》1999年第1期

《中国西藏》杂志十五周年大事记

今年是《中国西藏》杂志创刊 15 周年，本着一个宗旨：把一个真实的西藏告诉世界，我们十数年如一日勤奋地工作着，先后出版了《中国西藏》汉、藏、英文版刊物共计 212 种，数千万文字和数千张图片，见证了西藏近十多年的巨大变化，介绍了西藏的政治、经济、历史、文化、民俗、旅游，真正成为读者认识西藏的窗口和沟通西藏的桥梁。

在这里，我们记下的是刊物 15 年走过的一个个足迹。

1989 年

2 月 15 日，《中国西藏》汉文版春季号（试刊）问世，刊出华子撰写的《评中央政府与达赖喇嘛的谈判》，在国内外引起广泛关注和重视。《卷首语》表明了本刊的宗旨：“这是中国出版的一种向海外发行的专门报道今日西藏详情的综合性刊物。”刊物付印之际，传来十世班禅额尔德尼·确吉坚赞逝世的噩耗，班禅大师圆寂和转世，成为当年本刊的重要主题之一。

1990 年

2 月，《中国西藏》中文版和英文版（季刊）正式出版。

4 月 15 日，《中国西藏》编辑部在北京民族文化宫礼堂举行创刊座谈会，国家民委主任司马义·艾买提出席，全国人大常委会副委员长阿沛·阿旺晋美发表讲话热烈祝贺。之后国内外新闻媒体广为报道，海外读者也争相来信支持。巴黎《欧洲时报》报道：“中、英两种文版的中国西藏杂志季刊，最近在北京正式创刊，从而结束了 40 年来西藏没有一份面向世界并在国际上发行的刊物的历史。”美国加州一位读者来信中说：“《中国西藏》在美国这种被神话与谎言禁锢的环境中送来一阵受人欢迎的新鲜空气。”

7 月，《中国西藏》杂志获新闻出版署期刊整体设计二等奖。

9 月，《中国西藏》与西藏群艺馆合作，在民族宫展览馆举办“西藏民间艺术藏品展”，首次向海内外推出西藏美术家叶星生民间艺术藏品 300 件，全国人大常委会副委员长阿沛·阿旺晋美、国家民委主任司马义·艾买提、西藏自治区党委副书记热地等为展览剪彩，中外参观者络绎不绝，30 余家新闻媒体作了报道。此次展览受到文化部嘉奖。

1991 年

适逢西藏和平解放 40 周年。西藏 40 年的深刻变化是《中国西藏》三种文版刊物全年的重要主题。

3月，《中国西藏》杂志藏文版试刊，当年3月与9月分别出版两期。

5月，为纪念西藏和平解放40周年，杂志社与西藏摄影家协会同仁联合举办《雪域风情摄影展》，费孝通、司马义·艾买提、杨静仁、赵朴初、平措旺杰等为摄影展题词作赋，馈赠墨宝。

7月，本刊编辑廖东凡、丹巴拉姆进藏，深入堆龙德庆县农村调查采访近两个月，统计了90户农民33年间的生产、生活、社会地位变化，调查了十四世达赖家族的色新庄园的今昔，公布了达赖家族的人权记录。

1992年

2月2日藏历新年，编辑部举行盛大歌舞联欢会，并宣布藏文版正式出版。

3月14日，编辑部主办“西藏的历史与现状理论研讨会”，全国数十位藏学家、法学家宣读论文20余篇，从史实和法理两个方面批驳达赖喇嘛的“法律顾问”范·普拉赫歪曲西藏历史和现状的种种谬论。年内陆续发表恰白·次旦平措《略述新旧西藏藏人之人权》、柳陞祺《评范·普拉赫先生的西藏史观及其他》、杨公素《1911—1951西藏是所谓独立国家吗？》、吴丰培《谈民国时期西藏地方政府与中央的关系》、索朗班觉《供施关系的实质是政治上的隶属关系》、洛桑格勒《也谈西藏的地位问题》、直云《评范·普拉赫的“西藏自决论”》《西藏人权问题的实质何在？》等文章，在国内外引起广泛反响。

8月，本刊记者进藏，报道西藏第四次人口普查和“一江两河”

开发。

1993 年

《中国西藏》杂志社正式成立，独立编辑出版发行三种文版《中国西藏》。各项工作均有进展，国内外订户稳步上升。

8 月，十世班禅大师灵塔祀殿开光盛典。本刊记者赴日喀则专访，并策划编辑出版了“扎什伦布寺专号”。

12 月，杂志社组织拉萨市歌舞团赴台演出，历时一个月，演遍大半个台湾，开海峡两岸藏族文化交流之先河，也增强了刊物在彼岸的影响。

1994 年

2 月,《中国西藏》汉、英文版改为双月刊。

4 月，由本刊编辑周爱明负责的《自然与资源》栏目从第 2 期开始推出，连续 5 年持之以恒，许多著名学者、专家均为本栏目热心作者，它导引读者在西藏高原进行生态旅游。杨逸畴教授关于雅鲁藏布大峡谷的多篇专题文章，周正教授连续报道云南藏区梅里雪山中日登山队员遇难、寻找和发现的经过，为杂志增色。

7 月，中央召开第三次西藏工作座谈会，本刊记者驻会采访，第一时间报道了中央关于西藏工作的新精神。

8 月，历时 10 年的布达拉宫维修工程全面竣工，杂志第 4 期推出《布达拉宫维修专辑》，向世界介绍这项耗资 5000 万元人民币的伟大维修工程，带领读者沿着巨石垒成的蹬道进入这座被联合国教科文组织列为“世界文化遗产”的神宫秘阙中，里里外外观瞻一回。

1995年

正值西藏自治区成立30周年，本刊出版专号，自治区主席江村罗布专门撰文回顾30年成就，自治区政府副主席吉普·平措次登接受本刊专访。第4期封面刊发自治区历任五位政府主席的照片：阿沛·阿旺晋美、天宝、多杰才旦、多吉才让、江村罗布。

10月，十世班禅大师圆寂6年，扎什伦布寺通过诵经、占卜、圣湖观影等宗教仪轨，并派出多批高僧活佛在西藏各地和青海、四川、甘肃藏区寻访，发现具有灵异特征并属相符合的儿童多名，中央决定通过金瓶掣签的历史定制认定班禅大师的转世灵童，在国内外引起极大兴趣和关注。本刊专门出版"金瓶掣签专号"，介绍这一历史定制的形成和实施过程，刊发各地藏传佛教代表人物的意见和建议。

11月，派记者赴藏，实地采访灵童认定、坐床的20世纪难得一睹的佛门盛事。

12月，本刊荣获全国优秀社科期刊称号，获此殊荣的全国仅21家。

1996年

3月，本刊记者分别到欧洲、美洲和印度、尼泊尔诸国，广泛接触各地藏胞，更加深切地感受到他们反对分裂、心向祖国、思念故乡的强烈愿望。本刊记者发表的旅印、旅尼藏胞印象，真真切切地写出了许多海外藏胞内心的向往和苦衷。

5月，本刊与西藏社科院联合组织汉译《西藏通史——松石宝串》，经过3年翻译、审校，终于与读者见面。这部长达百万字的史学巨著，由恰白·次旦平措、诺章·吴坚、平措次仁编写，陈庆英、格桑益西、何宗英、许德存汉译，出版后在广大藏学爱好者中反响强烈。

当年，流亡国外的西藏分裂主义势力加紧了“西藏独立”和“变相独立”的宣传。“本刊论坛”和“藏事漫谈”专栏，连续刊发文章进行揭露和批判。诸如《从国际视野看达赖喇嘛》（直云）、《达赖喇嘛与麻原勾结的实质》（沙舟）、《是利藏，还是害藏？》（王贵、旺堆）、《评达赖喇嘛在班禅转世问题上的表演》（多杰才旦），文章一经刊出，国内外读者争相传看，影响相当广泛。

1997 年

7 月，记者廖东凡、文群太进藏采访 62 项援藏工程，历时 45 天，行程数千公里，走过拉萨、山南、林芝、日喀则地区 15 个县，实地察看 34 项工程，在各地召开调查会和座谈会。在海拔 5200 米的布丹拉雪山，大雨滂沱，几乎无法行进；在米林路段，山洪暴发，十数公里一片汪洋，冒险从索桥上过雅鲁藏布江；在东久河边，泥石流阻塞，下车与道班工人、过路游客并肩排险 8 小时之久。

8 月，在拉萨召开座谈会，听取拉萨各界人士的批评建议。自治区人大常委会主任热地作了《把真实的西藏介绍给世界》的长篇发言。

10 月，在成都举办首届对外宣传西藏研讨会暨通讯员培训班，培训来自西藏、青海、甘肃、四川的学员 20 多人。聘请四川藏学专家任新建（多吉）、仁真洛色、谢刚政等讲课，本刊编辑亦走上课堂，开设采访、写作、编辑、摄影等讲座。

11 月，出版“林芝专号”。

1998 年

2 月，《中国西藏》藏文版改为双月刊。

3 月，杂志社被全国妇联、国家民委授予“民族团结妇女先进集体”称号。

5 月，全国妇联命名本社为三八红旗单位。这是本刊全体同仁的光荣，也表明本刊妇女的地位和所发挥的能量。

8 月，由本刊编辑廖东凡、张晓明、周爱明，摄影作者陈宗烈历时 3 年，精心编写的大型图册《图说西藏古今》，由香港三联书店出版发行。该书通过 76 个专题、350 多幅珍贵图片，深入浅出地介绍了西藏两千多年来的政治、经济、社会、宗教、文化、艺术等方面的发展和变迁，是对西藏的一次全方位的整体性展示。

8 月，本刊出版“中甸专号”。

9 月，组织西藏藏医专家赴台参加海峡两岸藏医汉医研讨会。

1999 年

1 月，在人民大会堂举行《援助西藏六十二项工程》大型画册首发仪式，江泽民总书记、李鹏委员长、李瑞环主席为画册题辞。

2 月，杂志社召开创刊十周年纪念座谈会。

7 月，入选第一届全国百种重点社科期刊。

2000 年

1 月，大型图册《百年西藏》出版发行。这本图册在新世纪之初，用 60 个专题、近 500 张图片、52 个图表和百年大事记记录了 20 世纪西藏人民走过的漫漫长路和社会沧桑巨变。

2 月，《中国西藏》汉、藏、英三种文版全部改为彩页印刷，以崭新面目迎接新世纪。

8月，出版“甘孜藏族自治州建州五十周年专号”。

10月，出版“纪念昌都解放五十周年专号”。

2001年

1月，本刊连载印度《前线》杂志总编辑拉穆专访西藏的文章《西藏——真实与谎言的实地检验》，在国内外引起很大反响。

6月，中央召开第四次西藏工作座谈会，本刊记者到会采访，发表《新世纪西藏跨越式发展的行动纲领》，与文化部、中央外宣办共同举办“全国援助西藏成果展”。

7月，记者随以胡锦涛为团长的中央代表团赴藏参加西藏和平解放五十周年纪念活动，并第一时间进行报道。

8月，本社与中国民族博物馆共同举办“纪念西藏和平解放五十周年书画展”，国内各著名书法家为展览题词作画。

9月，入选新闻出版署组织的期刊方阵，被评为双效期刊。

11月，《中国西藏》第6期首次作为中国西南航空公司民航班机上的随机读物，在西南航空公司14条国际航线和所有进出西藏航线以及数十条国内航线上发行。

2002年

1月，本刊第1期《复评达赖喇嘛与中央政府的谈判问题》，这是本刊就此问题第四次发表评论。

7月2日至20日，在拉萨举办第三届对外宣传工作研讨会暨“藏西经济、人文、环保综合考察采访”活动，西藏自治区党委副书记李立国、自治区政府副主席次仁卓嘎等出席研讨会并发表讲话。

这次会议成功的宣传报道，在西藏产生了很大影响。

研讨会结束后，部分与会者前往日喀则和阿里地区考察，参加杂志社和西藏自治区阿里地委共同举办的“2002 藏西人文、生态、环保工作考察采访”活动。考察组经日喀则地区的江孜县、日喀则市、拉孜县、昂仁县、萨嘎县至阿里地区的普兰县、札达县、噶尔县、狮泉河镇、改则县、措勤县，行程近 4000 公里，考察了沿途的风俗民情，就所到地方的经济发展、生态、环保等方面与地方各部门进行座谈，采访有关专家和学者，组织了一批关于西藏环保的文章，拍摄了上千张图片。《中国西藏》网站连续刊载的“藏西考察手记”，一日一篇，十多万字，吸引了许多读者。

2002 年是藏族史诗格萨尔千周年纪念。9 月，本刊与西藏社会科学院共同协商策划，联合编辑、出版“格萨尔千周年专号”，集中展示了我国对藏族传统文化的弘扬和保护，产生了积极的影响。

2003 年

5 月 23 日是人类登顶珠峰 50 周年，本刊特约周正先生撰写《因为它在那里》，回顾人类登顶珠峰 50 年，获得极大反响。

7 月，十一世班禅青海甘肃行，这是十一世班禅第一次来到十世班禅大师的故乡，拜见十世班禅大师的母亲，本刊记者吴祎随行采访并第一时间报道。

8 月，“中国西藏视点”丛书开始启动。

12 月，历时 3 年，重新修订的汉译本《西藏通史——松石宝串》正式出版。

原载《中国西藏》2004 年第 1 期

《中国西藏》创刊二十周年纪念座谈会隆重举行

艾米

2009 年 12 月 18 日，《中国西藏》杂志创刊 20 周年纪念座谈会在北京西藏大厦隆重举行。全国政协副主席、中央统战部部长杜青林出席并发表讲话。

杜青林部长指出，党中央始终高度重视西藏工作，在新中国成立后各个历史时期，制定并采取了一系列特殊优惠政策和务实措施，极大地调动了西藏各族群众的积极性、主动性和创造性，西藏面貌发生了翻天覆地的变化。西藏的发展已站在新的历史起点上，进入一个新的发展阶段。《中国西藏》杂志作为中央涉藏宣传的重要刊物，创刊 20 年来，由单一文种发展到汉、藏、英三种语言文字，由纸介文版发展到网络电子版，发行范围扩大到全世界 100 多个国家和地区，走过了很不平凡的发展历程。20 年来，《中国西藏》杂志充分发挥自身特点和优势，广泛传播党和国家的声音，生动反映西藏日新月异的发展变化，与国外分裂势力进行针锋相对的斗争，对其分裂言行进行深刻剖析和有力批判，为维护西藏发展稳定作出了重要贡献。

杜青林部长指出，当前国际国内形势发生着深刻的变化，对新时期涉藏宣传提出了新的、更高的要求。做好《中国西藏》杂志工作，搞好涉藏宣传，要始终不渝地坚持正确的政治方向，掌握工作主动权，注重宣传实效。提高科学化水平，不断推动涉藏宣传实现新的发展。《中国西藏》杂志要坚持正确的舆论导向，把握舆论宣传规律，扩大影响力，增强亲和力和感染力，努力成为宣传西藏的重要力量，同时，要着眼长远，立足当前，合理配置资源，树立精品意识，进一步拓展影响力，提高知名度。努力使杂志成为广大读者了解西藏、认识西藏的重要窗口以及涉藏领域对外宣传的重要品牌，并为推动落实中央关于支持西藏和四省藏区发展的各项政策，为推进西藏跨越式发展和长治久安作出新的贡献。

中央统战部常务副部长朱维群主持座谈会。中央统战部副部长斯塔、国务院新闻办公室副主任董云虎、国家民委副主任丹珠昂奔、中国藏学研究中心党组书记游洛屏、总干事拉巴平措，西藏自治区政府副主席甲热·洛桑丹增，西藏自治区原党委书记阴法唐等出席，董云虎和拉巴平措等分别讲话。

董云虎在讲话中指出，《中国西藏》杂志是我国为数不多的外宣期刊之一，是我国以对外宣传西藏为主要任务的多文种的最有影响力的专业刊物，也是一本在国内外广受读者喜爱和欢迎，受到各驻外使领馆普遍称赞和肯定的优秀刊物，可以说是涉藏外宣的一个重要品牌。20 年来，在中央统战部的强有力领导下，《中国西藏》杂志坚持正确的办刊方针和舆论导向，及时准确地传达中央的西藏政策和中央在涉藏问题上的立场、观点，生动形象地反映西藏和四省藏区的发展变化，针锋相对地驳斥达赖集团和西方反华势力的造谣歪曲，为对外介绍一个真实的、发展变化的西藏作出了重大贡献，立下了汗马功劳。20 年来,《中国西藏》已成为我们对达赖集团舆论斗争的重要阵地，杂志是在国际风云变幻、涉藏斗争异常尖锐激烈的背景下诞生的，也是伴随着国际涉藏斗争的风风雨雨而成长壮大起来的。杂志发表了大量有说服力的文章。这些文章用大量确凿的事实和透彻的说理，驳斥达赖集团在“西藏问题”上散布的“种族灭绝”“文化灭绝”“宗教灭绝”“破坏环境”等各种谎言。对于引导世人认清达赖集团的本来面目发挥了很好的作用。

拉巴平措在讲话中指出，20 年来,《中国西藏》杂志积极宣传党和政府关于西藏工作的方针政策，如实反映民族区域自治制度在西藏的实施情况，广泛报道西藏的民族、宗教、文化艺术、自然景观、旅游景点及独特风情，深刻阐述西藏与祖国的关系史，有力驳斥分裂主义分子和外国反华势力有关西藏问题的各种反动谬论，成为对外宣传西藏的重要窗口，在海内外起到了积极的作用。《中国西藏》的“藏学研究”专栏举重若轻，以轻松的语言向广大海内外读者普及藏学知识；“论点摘编”从国内众多刊物刊发的有关藏学研究的文章中选择数篇重点文章向读者推荐，“新书博览”及时向读者提供藏学界最新的出版成果信息，使读者可以迅速而便捷地了解藏学研究的最新动态。中国西藏杂志社还与诸多藏学专家、多家出版社联合编辑、出版了《中国西藏》视点丛书、《图说西藏古今》《百年西藏》《六十二项工程》《天路——青藏铁路建设纪实》等汉文图书，以及《重彩西藏——西藏十人作品集》《二十世纪的人和事》等汉英文图书，尤其值得一提的是，中国西藏杂志社独具慧眼，与西藏社科院合作翻译出版、修订再版了《西藏通史——松石宝串》，2005年，汉译本获得第一届“中国藏学研究珠峰奖”一等奖，这些都是中国西藏杂志社全体同志始终坚持与时俱进、不断创新的结果。

此外，中央统战部、国务院新闻办、国家民委、新闻出版总署等中央和国家机关有关部门负责人，西藏自治区政府、中国藏学研究中心，以及首都藏学界、新闻出版界、全国各藏区有关部门和高等院校代表近200人参加了座谈会。座谈会上，中国西藏杂志社社长兼总编张晓明、国家新闻出版总署新闻报刊司副司长丁以绣、杂志社前任社长廖东凡、中央统战部信息中心主任王丕君、西南民族大学党委书记罗布江村、中国科学院院士郑度、中央民族大学副校长喜饶尼玛、中国社会科学院学部委员郝时远及作者代表周正（原国家体委国家登山队总教练、研究员）、陈丹（中国藏学研究中心博物馆）和本刊合作代表王博轩（北京列车段宣传部）先后发言，对今后办刊提出了有益的意见和建议。

在创刊纪念座谈会召开之际，杂志社还收到来自西藏自治区及各地市、四川省、青海省和北京市等有关单位以及国内外数十家机构和媒体发来的贺电和贺信，西南民族大学校长赵心愚、中央民族大学教授李秉铨等专家学者也发来了贺信。

原载《中国西藏》2010年第1期

后　记

2005年，北京西郊的大觉寺，一场颇具民族特色又精彩纷呈的藏戏正在上演。在千年古寺博物馆上演具有千年历史的中华民族特色文化遗产——藏戏，让当时刚刚进杂志社的我倍觉震撼和感动。记得那时候在杂志社各位领导和编辑们的指导和帮助下，还是一个新人的我，慢慢对本民族文化和家乡故事有了进一步的认识，并通过自己不成熟的文字和镜头，努力去介绍一个正在不断进步发展，并同时保留珍贵文化遗产的西藏和藏区。真正地去了解西藏和藏区正在发生的故事和这片土地蕴含的丰富文化和人文内涵，才发现自己是个十足的小学生。杂志社的老前辈金志国老师，常常说他从小在西藏长大，但是西藏的文化和故事就像大海一样广阔深厚，他在这个领域的努力，也只能做到在海边捡几块贝壳的程度。我们都知道这是金老师的谦虚之词，但他却说得那么诚恳。跟金老师相比，我可能连海都还没有见到，只是听到了海潮的声音，知道山的那边就是大海。

2019 年，中国西藏杂志社创刊三十周年。为了迎接这个生日，我们这些杂志社的年轻人担起了编选杂志社精选集的任务。其实杂志社的老领导和编辑们很早之前也念叨过这个选题，但是因为各方面条件不成熟，一直没能成形。这次天时地利人和同时具备，终于可以做了。我们几个编辑在一个夏天的午后，来到杂志社的地库，整理寻找历期各个版本的刊物。杂志社创刊于 1989 年，很多东西没有电子版，我们只能寻找纸质的合订本。因为这几年的多次搬迁和调整，有几年的合订本已经很少，很难找到了。我们在地库找得满头大汗，一本本地搬出各期各版本合订本，用车运回办公室。翻开从 1989 年开始的刊物，我们可以清晰地看到发展的历程，以及一直不变的对西藏和四省藏区的真实记录和表达。而在这三十年的刊物中，我们看到了藏区的经济社会发展，看到了老百姓的脱贫致富，看到了西藏文化的保护和发展，看到了对环境和野生动物的重视和保护，最重要的是看到了这片土地上勤劳勇敢的人民，在全国各族人民的支援下，发挥自己的聪明才智和力量，在这个被称为第三极人类生存禁区的地方，创造美好生活的感人故事。

2019 年，也是西藏民主改革 60 周年。民主改革作为对西藏落后封闭的封建农奴制度的改造，作为对西藏广大人民权利的争取和解放，是载入人类发展历史的进步事件，因此也被称为“废奴丰碑”。三十年来的杂志合订本，放在桌上有一米多高。从 1989 年开始，杂志社一代代的编辑和来自国内外各个领域的作者、专家学者、摄影家、美术家们一起，用一篇篇真诚的文字，历尽辛苦拍摄绘制的摄影美术作品，从人文地理的角度，对这片土地上的神奇故事，进行了富有个性和吸引力的展示。而我们从这三十年的杂志中，用自己还不太成熟的眼光尽力挑选出了能够反映这段伟大历史的文图。就像那个听到海潮声，并翻山越岭向往海边的孩子。也许捡到的是珍贵宝藏，也许只是石块和好看的贝壳。但请相信，这个孩子向往大海的心是真诚的……

袁星宇

2019 年 8 月 26 日

图书在版编目(CIP)数据

人文高地 / 中国西藏杂志社编 . —北京：中国藏学出版社，2019.11

(《中国西藏》杂志 30 年精选集)

ISBN 978-7-5211-0188-1

Ⅰ.①人… Ⅱ.①中… Ⅲ.①藏族－民族文化－中国－文集 Ⅳ.① K281.4-53

中国版本图书馆 CIP 数据核字(2019)第 237706 号

人文高地

RENWEN GAODI

中国西藏杂志社　编

责任编辑	杜冰梅
装帧设计	海龙视觉
出版发行	中国藏学出版社
印　　刷	中国电影出版社印刷厂
版　　次	2019 年 11 月第 1 版第 1 次印刷
开　　本	787 毫米 ×1092 毫米　1/16
印　　张	19.25
字　　数	223 千字
书　　号	ISBN 978-7-5211-0188-1 / K · 567
定　　价	76.00 元

图书如有印装质量问题　请与本社发行部联系

E-mail: dfhw64892902@126.com　电话: 010-64892902